Papierflieger

19 Anleitungen und
30 faltfertige Vorlagen

Roter Pfeil
leicht
Seite **6**

Grille
leicht
Seite **7**

Blue Flame
leicht
Seite **8**

Rabe
mittel
Seite **9**

Du kannst alle diese Flieger nachfalten. Die Anleitungen und Videos erklären dir, wie es geht. Die dazugehörigen Faltvorlagen zum Heraustrennen findest du hinten im Buch. Die Hilfslinien auf den Faltvorlagen zeigen dir, wie du falten musst:

Talfalz   Bergfalz

Damit deine Flieger gut gleiten, solltest du so genau und sorgfältig wie möglich falten. Besonders scharfe Faltkanten bekommst du, wenn du das Papier mit Hilfe eines Lineal faltest.

Trimmung:
Damit deine Papierflieger noch besser oder einfach anders fliegen, kannst du sie mit diesen Tricks trimmen:

Falte die Seitenflügel nach oben oder nach unten.

Stelle die Seitenflügel schräg.

Drücke die Tragflächen ein oder wölbe sie nach oben.

Schneide das Heck deines Papierfliegers an einigen Stellen ein. Es entstehen kleine Klappen, die du nach oben, unten oder schräg stellen kannst. So kannst du verschiedene Flugeigenschaften testen.

Keller F-15
leicht
Seite **10**

Keller F-15a
mittel
Seite **11**

Achtung! Nicht jeder Trimm-Trick funktioniert bei jedem Flieger. Die **Expertentipps** bei den Anleitungen zeigen dir, wie du dein Modell am besten trimmst. Denn jedes Papierflugzeug hat besondere Flugeigenschaften, die du durch das Trimmen noch verbessern kannst. Wie ein Papierflieger durch die Luft gleitet, hängt auch davon ab, welches Papier du verwendest.

Gute Start- und Landebedingungen

Deine Papierflieger lässt du am besten bei trockenem Wetter starten. Es sollte nicht zu windig sein, sonst gerät der Flieger leicht aus der Spur und macht eine Bruchlandung. Wirf den Papierflieger immer mit dem Wind, nicht gegen ihn.

Ideal zum Fliegen sind trockene Wiesen oder Asphaltplätze, auf denen keine Autos fahren. Auf Asphalt kannst du mit Kreide ein Flugfeld aufzeichnen. Oder du klebst die Flugbahnen mit Kreppband auf. Wiesen kannst du mit Stöckern oder Steinen begrenzen.

Wurfhaltung:
Die meisten Flieger hältst du am besten an der Mitte des Rumpfes, wo ihr Schwerpunkt liegt. Dann kräftig abwerfen! Hinweise auf andere Wurfhaltungen findest du in den **Expertentipps**!

Feuervogel
schwer
Seite **12**

Schwerpunkt am Rumpf

Fliegen nach Maß

Willst du herausfinden, wie sich deine Wurffähigkeiten im Laufe der Zeit verbessern? Oder welches deiner Modelle am besten und weitesten durch die Luft gleitet? Dann lege ein Maßband neben dein Flugfeld. Notiere die einzelnen Daten in einem Notizheft.

Drachenkopf
leicht
Seite **13**

Mikado
mittel
Seite **14**

TIPP: Hast du die Faltvorlagen verbraucht, kannst du die Papierflieger mit einfachem Kopierpapier (DIN A4) nachfalten und selbst bemalen.

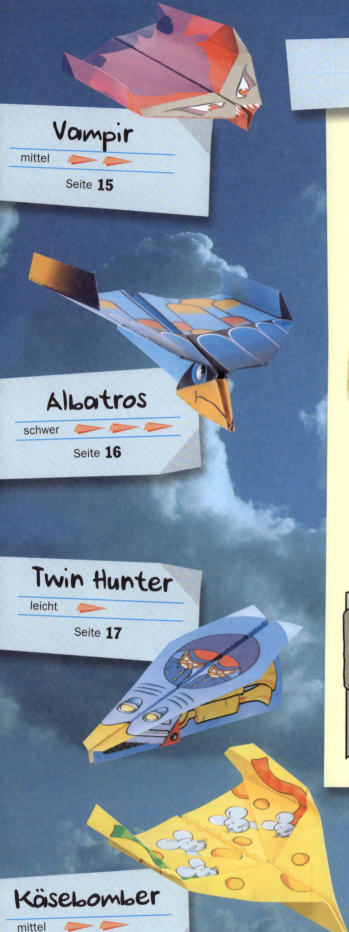

Vampir
mittel
Seite **15**

Albatros
schwer
Seite **16**

Twin Hunter
leicht
Seite **17**

Käsebomber
mittel
Seite **18**

Die Falt-Videos

Zu jeder Faltanleitung gibt es ein kurzes Video, das dir beim Falten helfen soll. Und so geht's: Installiere eine beliebige App zum Scannen von QR-Codes auf deinem Smartphone oder Tablet. Die gibt es kostenlos in jedem App-Store. Starte die App und scanne den QR-Code im Buch. Die Videos kannst du aber auch ganz einfach auf einem Computer anschauen: Gib den Link unter dem Code in deinen Internetbrowser ein.

www.schwager-steinlein-verlag.de/papierflieger

Baue einen Flugzeughangar

Nimm einen großen Bogen Pappe, zum Beispiel von einem Umzugskarton. Klebe auf der einen Seite Kisten und kleine Kartons (zum Beispiel Schuhschachteln) auf, wie du es auch auf dem Bild siehst.
Male deinen Hangar mit Wasserfarbe grau an. Wenn die Farbe trocken ist, zeichnest du mit weißer Farbe oder Kreide in den Boxen Standflächen für deine Flieger und auf dem Hangar eine Startbahn ein. Stelle den Hangar in deinem Zimmer oder an einem anderen geschützten Platz auf. Parke deine Flieger darin, wenn du sie nicht gerade für deine Testflüge brauchst.

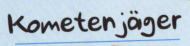

Kometenjäger
mittel
Seite **19**

Clown
leicht
Seite **20**

DeltaPlan
schwer
Seite **21**

Papierflieger-Olympiade

Veranstalte einen Wettbewerb: Wer lässt seinen Papierflieger am weitesten segeln? Oder ihr stoppt die Zeit und vergleicht, welcher Flieger am längsten in der Luft bleibt.
Teilt euch für die Papierflieger-Olympiade in zwei gleich große Mannschaften auf. Welches Team hat die besten Flieger und beherrscht die elegantesten Würfe?

Teufel
leicht
Seite **22**

Ausgezeichnet!

Alle Teilnehmer der Olympiade bekommen eine Urkunde – natürlich eine selbst gebastelte!

Die klassische Urkunde:
Nimm ein Blatt Papier und schreibe oben groß „Urkunde für" darauf. Auf einer Linie kann man später den Namen des ausgezeichneten Piloten eintragen. Darunter kommt ein kurzer Text, zum Beispiel „Wir gratulieren zum __ Platz im Papierflieger-Wettbewerb." Verziere die Urkunde mit kleinen, gemalten Papierfliegern.

Hummel
mittel
Seite **23**

Die aufwändige Urkunde:
Bastle einen der Papierflieger mit durchsichtigem, dünnem Transparentpapier nach. Schneide ein Stück Pappe (ca. 30 x 20 cm) aus und bemale es. Befestige den Papierflieger mit Klebestreifen auf der Pappunterlage. Füge nun mit Gold- oder Silberstiften den gleichen Text wie bei der Urkunde oben ein und male eine Linie für den Pilotennamen auf die Pappe.

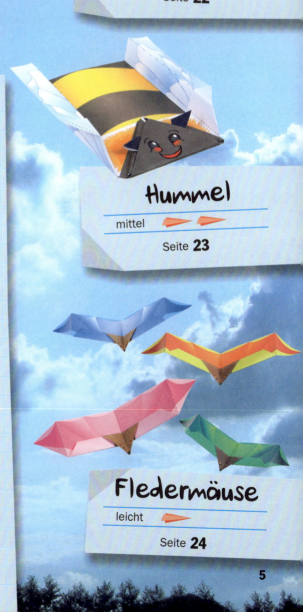

Fledermäuse
leicht
Seite **24**

Roter Pfeil

leicht

BOGEN 1

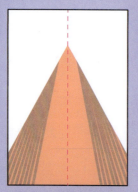

1 Falte das Blatt Papier der Länge nach zusammen und klappe es wieder auf.

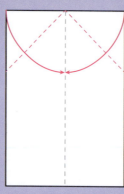

2 Knicke die beiden oberen Ecken zur Falzlinie in der Mitte des Blattes um.

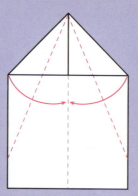

3 Falte erneut die beiden äußeren Ecken zum Mittelfalz hin um.

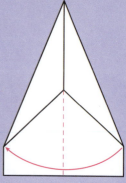

4 Falte das Blatt in der Mitte zusammen.

5 Falte die beiden Flügel entlang der gestrichelten Linien nach außen zur unteren Kante hin um.

Expertentipps

Wurfhaltung
Halte den Roten Pfeil am Schwerpunkt. Der liegt von der Mitte ausgehend ungefähr ein Daumen breit Richtung Spitze. Wirf den Flieger steil und kräftig ab.

Faltanleitung als Video – hier scannen:

www.schwager-steinlein-verlag.de/papier01

Bogen 1.1 enthält eine weitere Faltvorlage für dieses Model.

Grille

leicht

BOGEN 2

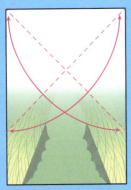

1 Knicke die obere, linke Papierecke zum gegenüberliegenden Punkt um. Öffne das Blatt wieder. Wiederhole das Gleiche auf der anderen Seite.

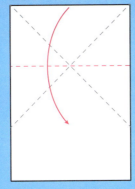

2 Klappe das Blatt entlang der vorgezeichneten Linie nach vorne um.

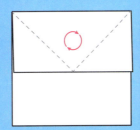

3 Wende das Blatt.

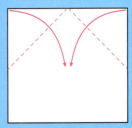

4 Knicke die beiden oberen Spitzen zur Mitte um.

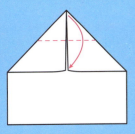

5 Falte die obere Spitze zur unteren Kante der Dreiecke hin um.

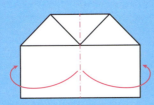

6 Falte das Papier in der Mitte, indem du die beiden äußeren Flügel nach hinten umschlägst.

7 Knicke die beiden Flügel nach außen um. Halte dich dabei an die vorgezeichneten Linien.

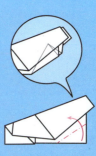

8 Knicke das hintere Rumpfende dreiecksförmig nach innen ein.

Expertentipps

Trimmung
Halte die beiden Flügelspitzen am Ende zwischen Daumen und Zeigefinger, drücke sie einmal kräftig am Rumpf zusammen und lass sie wieder los.

Faltanleitung als Video – hier scannen:

www.schwager-steinlein-verlag.de/papier02

Blue Flame

leicht

BOGEN 3

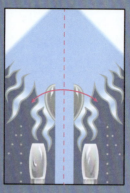

1 Falte das Blatt Papier der Länge nach zusammen und klappe es wieder auf.

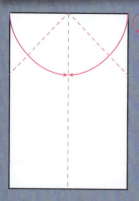

2 Knicke die beiden oberen Ecken zur Falzlinie in der Mitte des Blattes um. Wende dann das Blatt.

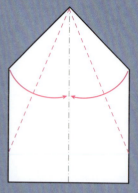

3 Falte nun die beiden äußeren Ecken zum Mittelfalz um.

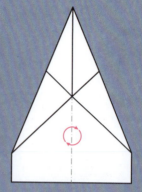

4 Wende das Blatt noch einmal.

5 Falte das Blatt noch einmal in der Mitte zusammen, entlang der allerersten Knicklinie.

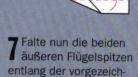

6 Falte die beiden Flügel entlang der eingezeichneten Linien nach außen hin um.

7 Falte nun die beiden äußeren Flügelspitzen entlang der vorgezeichneten Linien nach innen um.

Expertentipps

Trimmung
Halte diesen Flieger am Schwerpunkt unmittelbar am Rumpf. Die beiden Enden, die ein Teil des Flügels sind, schiebst du einfach nach oben. Dadurch entstehen zwei schmale „Unter-Flügel".

Faltanleitung als Video – hier scannen:

www.schwager-steinlein-verlag.de/papier03

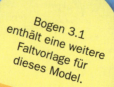

Bogen 3.1 enthält eine weitere Faltvorlage für dieses Model.

Rabe

mittel ▸▸

BOGEN 4

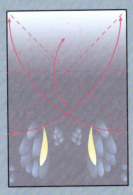 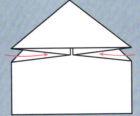 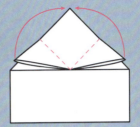 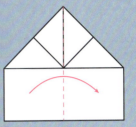

1 Knicke die obere, linke Papierecke zum gegenüberliegenden Punkt um. Öffne das Blatt wieder. Wiederhole das Gleiche auf der anderen Seite. Falte an der Querlinie, die durch das Kreuz läuft, nach hinten. Öffne das Blatt erneut.

2 Klappe nun die diagonal gefalteten Seiten nach innen. Es entsteht ein Dreieck mit zwei entgegengesetzten Falten darin.

3 Knicke die beiden äußeren Spitzen zur oberen Spitze hin um.

4 Falte das Papier einmal in der Mitte zusammen.

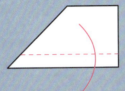 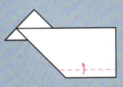

5 Knicke die beiden Flügel jeweils an der vorgezeichneten Linie nach unten. Jetzt zeigen die Flügel nach außen und zwei Dreiecke mit den Spitzen nach oben.

6 Falte das Papier an den beiden äußeren Flügelspitzen nach innen. Halte dich dabei an die vorgegebenen Linien.

Expertentipps

Trimmung
Kneife am Ende des Rumpfes jeweils an der Stelle, wo sich die Flügel nach unten senken, hinein und stelle eine kleine Fläche (nicht größer als deine Fingerkuppe) nach oben aus.

Faltanleitung als Video – hier scannen:

www.schwager-steinlein-verlag.de/papier04

Keller F-15

leicht

BOGEN 5

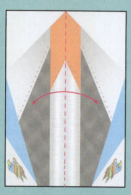

1 Falte das Blatt Papier der Länge nach zusammen und klappe es wieder auf.

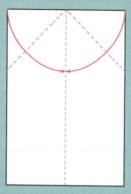

2 Knicke die beiden oberen Ecken zur Falzlinie in der Mitte des Blattes um.

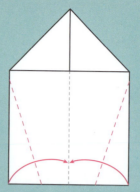

3 Falte die beiden unteren Ecken auf die Mitte. Halte dich an die vorgezeichneten Linien auf dem Blatt.

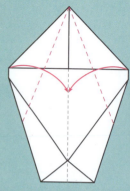

4 Knicke jetzt die beiden äußersten oberen Spitzen zum Mittelfalz um.

5 Klappe die beiden unteren Spitzen nach außen um. Halte dich an die vorgezeichneten Linien auf dem Blatt.

6 Falte den Papierflieger noch einmal mit einer scharfen Knickkante in der Mitte zusammen.

7 Klappe beide Flügel nach außen um. Halte dich dabei an die vorgegebenen Linien auf dem Blatt.

Expertentipps

Trimmung
Die besten Flugeigenschaften hat der F-15, wenn du die beiden senkrechten Flügel am Heck so schräg wie möglich nach außen abstehen lässt.

Faltanleitung als Video – hier scannen:

www.schwager-steinlein-verlag.de/papier05

Keller F-15a

mittel

BOGEN 6

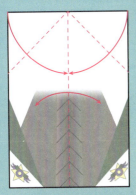 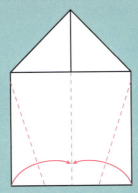 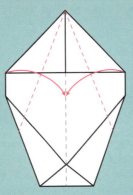 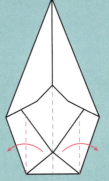

1 Falte das Blatt Papier der Länge nach zusammen und klappe es wieder auf. Knicke die beiden oberen Ecken zur Falzlinie in der Mitte um.

2 Falte die beiden unteren Ecken auf die Mitte. Halte dich an die vorgezeichneten Linien auf dem Blatt.

3 Knicke jetzt die beiden äußersten, oberen Spitzen zum Mittelfalz um.

4 Klappe die beiden unteren Spitzen nach außen um. Halte dich an die vorgezeichneten Linien auf dem Blatt.

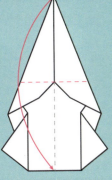 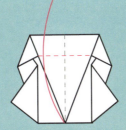 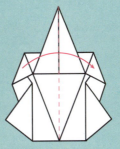 

5 Falte den Papierflieger noch einmal mit einer scharfen Knickkante in der Mitte zusammen. Halte dich an die vorgegebene Linie auf dem Blatt.

6 Knicke die Spitze entlang der eingezeichneten Linie nach oben um.

7 Falte das Blatt der Länge nach zusammen.

8 Klappe die beiden Flügel entlang der vorgegebenen Linien nach außen um.

Expertentipps

Trimmung
Die besten Flugeigenschaften hat der F-15a, wenn du die beiden senkrechten Flügel am Heck so schräg wie möglich nach außen abstehen lässt.

Faltanleitung als Video – hier scannen:

www.schwager-steinlein-verlag.de/papier06

Feuervogel

schwer ▸▸▸

BOGEN 7

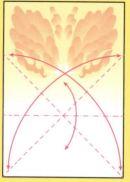  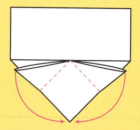 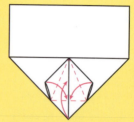

1 Knicke die untere, linke Papierecke zum gegenüberliegenden Punkt um. Öffne das Blatt wieder. Wiederhole das Gleiche auf der anderen Seite. Falte an der Querlinie, die durch das Kreuz läuft, nach hinten. Öffne das Blatt erneut.

2 Klappe nun die diagonal gefalteten Seiten nach innen. Es entsteht ein Dreieck mit zwei entgegengesetzten Falten darin.

3 Knicke die beiden äußeren Spitzen zur unteren Spitze hin um.

4 Falte erst die beiden unteren, dann die äußeren Spitzen entlang der vorgegebenen Linien nach innen zur Mitte hin um.

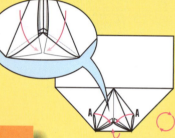 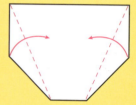 

5 Stecke die beiden Spitzen mit dem Buchstaben A in die offenen „Taschen" des unteren Dreiecks. Wende das Blatt.

6 Knicke die Seitenkanten an den vorgezeichneten Linien nach innen.

7 Falte zum Schluss die innen liegenden Spitzen zu den Außenkanten hin um.

Expertentipps

Wurfhaltung
Halte den Flieger locker zwischen Zeigefinger und Daumen. Greife mit dem Zeigefinger in die Tasche, die unter der Tragfläche entstanden ist.

Faltanleitung als Video – hier scannen:

www.schwager-steinlein-verlag.de/papier07

Drachenkopf

leicht

BOGEN 8

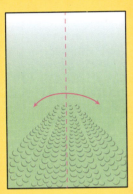

1 Falte das Blatt Papier der Länge nach zusammen und klappe es wieder auf.

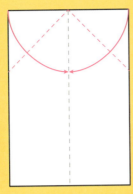

2 Knicke die beiden oberen Ecken zur Falzlinie in der Mitte des Blattes um.

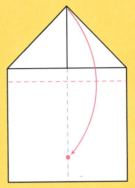

3 Knicke die obere Spitze nach unten zum eingezeichneten Punkt um.

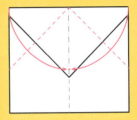

4 Falte die beiden äußeren, oberen Ecken zum eingezeichneten Punkt auf der mittleren Falzlinie um.

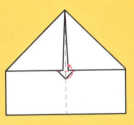

5 Klappe die kleine Spitze nach oben um.

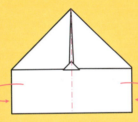

6 Falte das Papier in der Mitte, indem du die beiden äußeren Flügel nach hinten umschlägst.

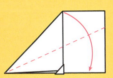

7 Knicke die beiden äußeren Flügelspitzen nach unten um, sodass sie jeweils mit der unteren Kante zusammentreffen.

Expertentipps

Trimmung
Wölbe die hinteren Flügelspitzen ganz leicht nach oben.

Faltanleitung als Video – hier scannen:

www.schwager-steinlein-verlag.de/papier08

Bogen 8.1 enthält eine weitere Faltvorlage für dieses Model.

Mikado

mittel

BOGEN 9

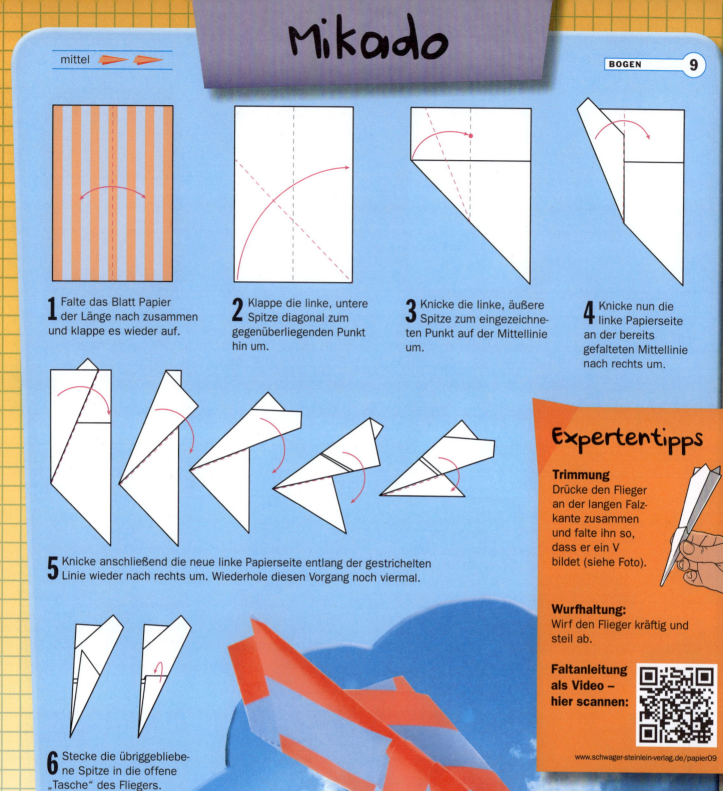

1 Falte das Blatt Papier der Länge nach zusammen und klappe es wieder auf.

2 Klappe die linke, untere Spitze diagonal zum gegenüberliegenden Punkt hin um.

3 Knicke die linke, äußere Spitze zum eingezeichneten Punkt auf der Mittellinie um.

4 Knicke nun die linke Papierseite an der bereits gefalteten Mittellinie nach rechts um.

5 Knicke anschließend die neue linke Papierseite entlang der gestrichelten Linie wieder nach rechts um. Wiederhole diesen Vorgang noch viermal.

6 Stecke die übriggebliebene Spitze in die offene „Tasche" des Fliegers.

Expertentipps

Trimmung
Drücke den Flieger an der langen Falzkante zusammen und falte ihn so, dass er ein V bildet (siehe Foto).

Wurfhaltung:
Wirf den Flieger kräftig und steil ab.

Faltanleitung als Video – hier scannen:

www.schwager-steinlein-verlag.de/papier09

Vampir

mittel

BOGEN 10

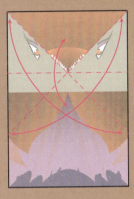

1 Knicke die obere, linke Papierecke zum gegenüberliegenden Punkt um. Öffne das Blatt wieder. Wiederhole das Gleiche auf der anderen Seite. Falte an der Querlinie, die durch das Kreuz läuft, nach hinten.

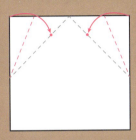

2 Knicke die beiden oberen Spitzen zu den eingezeichneten Punkten hin um.

3 Knicke die beiden oberen Spitzen zum eingezeichneten Punkt in der Mitte um.

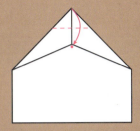

4 Falte jetzt die obere Spitze nach unten zum eingezeichneten Punkt um.

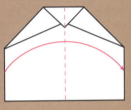

5 Falte das Papier einmal in der Mitte zusammen.

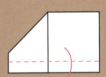

6 Knicke die beiden Flügel an den vorgegebenen Linien nach unten um.

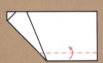

7 Knicke dann beide Flügelkanten noch einmal nach oben um. Halte dich dabei an die vorgegebenen Linien.

Expertentipps

Trimmung
Wölbe die Tragflächen etwas nach oben. Teste, wie sich das Flugverhalten verändert, wenn du die Taschen vorn auf der Tragflächen-Oberseite mit dem Zeige- und Mittelfinger etwas ausweitest.

Faltanleitung als Video – hier scannen:

www.schwager-steinlein-verlag.de/papier10

Bogen 10.1 enthält eine weitere Faltvorlage für dieses Model.

Albatros

schwer

BOGEN 11

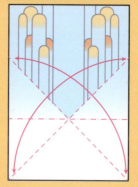 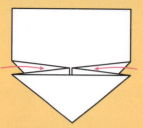 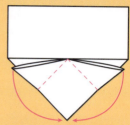 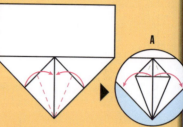

1 Knicke die untere, linke Papierecke zum gegenüberliegenden Punkt um. Öffne das Blatt wieder. Wiederhole das Gleiche auf der anderen Seite. Falte an der Querlinie, die durch das Kreuz läuft, nach hinten. Öffne das Blatt erneut.

2 Klappe nun die diagonal gefalteten Seiten nach innen. Es entsteht ein Dreieck mit zwei entgegengesetzten Falten darin.

3 Knicke die beiden äußeren Spitzen zur unteren Spitze hin um.

4 Falte die beiden neu entstandenen äußeren Spitzen von unten her zur Mitte um. Klappe sie anschließend wieder nach außen (siehe Bild A).

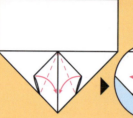 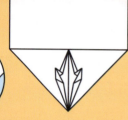 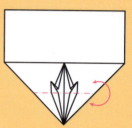 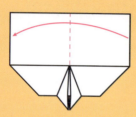

5 Klappe die beiden äußeren Spitzen von oben her zur Mitte um. Klappe sie anschließend wieder nach außen (siehe Bild B).

6 Forme nun den Schnabel des Albatros: Ziehe die beiden äußeren Spitzen anhand der vier Knicklinien aus Schritt 4 und 5 nach oben.

7 Knicke den oberen Teil des hinter der Schnabelspitze liegenden Dreiecks entlang der vorgegebenen Linie nach hinten um.

8 Falte das Papier einmal in der Mitte zusammen.

9 Knicke beide Flügel an Linie C nach unten, anschließend an Linie D nach oben.

Expertentipps

Wurfhaltung
Wirf den Albatros steil nach oben ab.

Faltanleitung als Video – hier scannen:

www.schwager-steinlein-verlag.de/papier11

Twin Hunter

leicht

BOGEN 12

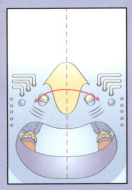

1 Falte das Blatt Papier der Länge nach zusammen und klappe es wieder auf.

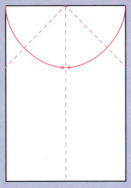

2 Knicke die beiden oberen Ecken zur Falzlinie in der Mitte des Blattes um.

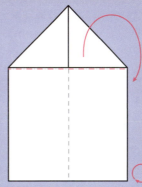

3 Falte das so entstandene Dreieck nach hinten um. Wende das Blatt.

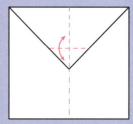

4 Knicke nun die untere Spitze nach oben hin um. Halte dich dabei an die vorgegebene Linie. Klappe die Spitze anschließend wieder nach unten.

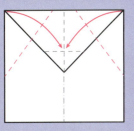

5 Klappe die beiden oberen Ecken genau zur Mitte der Falzlinie aus Schritt 4 um.

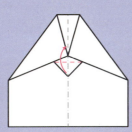

6 Knicke nun erneut die untere Spitze nach oben.

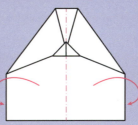

7 Falte das Papier in der Mitte, indem du die beiden äußeren Flügel nach hinten umschlägst.

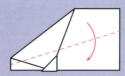

8 Knicke die beiden Flügel nach unten um, sodass sie jeweils mit der unteren Kante zusammentreffen.

Bogen 12.1 enthält eine weitere Faltvorlage für dieses Model.

Expertentipps

Wurfhaltung
Wirf den Twin Hunter hoch ab, am besten mit fast ausgestrecktem Arm.

Faltanleitung als Video – hier scannen:

www.schwager-steinlein-verlag.de/papier12

Käsebomber

mittel

BOGEN 13

 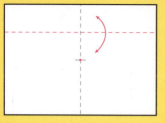 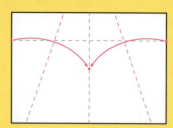 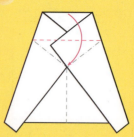

1 Lege das Blatt quer, falte es einmal der Breite nach und öffne es wieder. Falte nun das Blatt von oben nach unten, aber aufgepasst: Bilde statt der Knicklinie nur eine kurze Falte mit dem Daumennagel – genau in der Mitte des Blattes. Dann das Blatt wieder öffnen!

2 Knicke nun die obere Papierkante zum vorher markierten Mittelpunkt um. Öffne das Blatt wieder.

3 Knicke nun die beiden äußeren, eingezeichneten Punkte an den Enden der quer verlaufenden Falzlinie genau zum vorgegebenen Punkt in der Mitte.

4 Falte die obere, schmale Papierseite entlang der gestrichelten Linie nach unten.

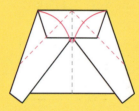 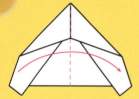  

5 Knicke die oberen, äußeren Ecken zur Falzlinie in der Mitte des Blattes um.

6 Falte das Papier einmal in der Mitte zusammen.

7 Knicke die beiden Flügel an den vorgegebenen Linien nach unten um.

8 Klappe die Flügelspitzen entlang der vorgegebenen Linien nach oben.

Expertentipps

Trimmung
Durch das Trimmen der Flügelklappen veränderst du die Flugeigenschaften. Teste doch einmal: Stelle die Flügelklappen hoch oder stelle sie leicht schräg. Oder falte die Flügelklappen ein weiteres Mal um (siehe Foto).

Faltanleitung als Video – hier scannen:

www.schwager-steinlein-verlag.de/papier13

Kometenjäger

mittel

BOGEN 14

1 Falte das Blatt Papier der Länge nach zusammen und klappe es wieder auf. Knicke die beiden oberen Ecken zur Falzlinie in der Mitte um.

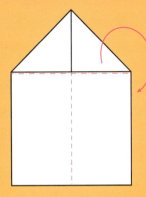

2 Knicke das Dreieck auf der eingezeichneten Linie nach hinten um.

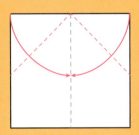

3 Falte nun die beiden äußeren Ecken zur Falzlinie in der Mitte hin um.

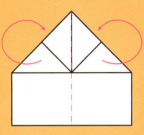

4 Falte das Papier in der Mitte, indem du die beiden äußeren Flügel nach hinten umschlägst.

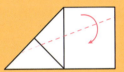

5 Klappe die beiden in den dreieckigen Spitzen liegenden Flügel in diesen nach unten um. Beachte dabei die vorgezeichneten Linien.

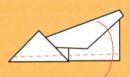

6 Knicke den gesamten oberen Teil jeweils nach unten über die eingezeichnete Linie um, um den Flugzeugrumpf herzustellen.

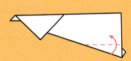

7 Knicke die beiden Flügelspitzen nach oben um. Halte dich dabei an die vorgegebenen Linien.

Expertentipps

Trimmung
Falte die eingeschlagenen Flügelteile unter der Tragfläche auf beiden Seiten längs zur Außenkante, lass sie aber senkrecht nach unten stehen. Nun sieht es aus, als hätte der Kometenjäger schlanke Kufen. Damit bleibt er ruhig in seiner Flugbahn.

Faltanleitung als Video – hier scannen:

www.schwager-steinlein-verlag.de/papier14

Bogen 14.1 enthält eine weitere Faltvorlage für dieses Model.

Clown

leicht

BOGEN 15

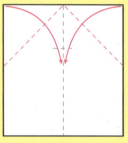

1 Falte das Blatt Papier der Länge nach zusammen und klappe es wieder auf. Falte nun das Blatt von oben nach unten, aber aufgepasst: Bilde statt der Knicklinie nur eine kurze Falte mit dem Daumennagel – genau in der Mitte des Blattes. Dann das Blatt wieder öffnen!

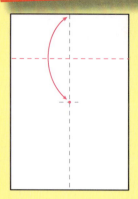

2 Knicke nun die obere Papierkante zum vorher markieren Mittelpunkt um. Öffne das Blatte wieder.

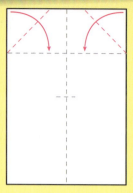

3 Knicke die beiden oberen Ecken zur quer verlaufenden Falzlinie hin um.

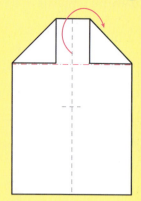

4 Knicke nun den oberen Teil des Blattes mit den beiden Dreiecken entlang der quer verlaufenden Falzlinie nach hinten um.

5 Knicke die beiden oberen Ecken zur Falzlinie in der Mitte um.

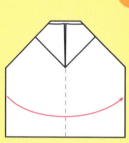

6 Knicke nun die obere Spitze entlang der vorgezeichneten Linie nach unten. Beachte dabei, dass die Spitze unter den beiden darüberliegenden Laschen „versteckt" wird.

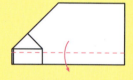

7 Falte das Papier einmal in der Mitte zusammen.

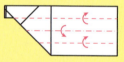

8 Knicke die beiden Flügel an den untersten Linien nach unten um. Dann die beiden Flügel entlang der anderen vorgegebenen Linien abwechselnd nach oben und nach unten falten!

Expertentipps

Trimmung
Ziehe die fächerförmigen Flügel hinten etwas auseinander, damit sich die Tragfläche vergrößert. An den Seiten aber senkrecht stehen lassen! So fliegt der Clown stabiler.

Faltanleitung als Video – hier scannen:

www.schwager-steinlein-verlag.de/papier15

DeltaPlan

schwer

BOGEN 16

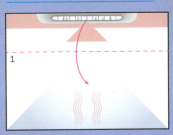

1 Lege das Blatt quer und knicke die obere Papierhälfte entlang der vorgezeichneten Linie 1 nach unten um.

2 Knicke nun das Papier entlang der vorgegebenen Linie 2 wieder nach oben hin um.

3 Knicke die obere Papierkante erneut nach oben hin um. Achte dabei auf die vorgezeichnete Linie 3.

4 Falte das Papier in der Mitte nach hinten zusammen. Drehe das zusammengefaltete Blatt anschließend so, dass die schmale Papierkante links liegt.

5 Falte die beiden oberen, linken Ecken jeweils zur gegenüberliegenden Ecke um. Dann jeweils wieder öffnen!

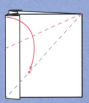

6 Knicke jetzt die beiden oberen, linken Ecken nach unten zu den eingezeichneten Punkten um.

7 Knicke die beiden äußeren, linken Ecken entlang der quer verlaufenden Linie nach unten um, sodass sie jeweils parallel zur unteren Kante stehen.

8 Knicke jetzt die beiden oberen Flügelspitzen entlang der vorgegebenen Linien nach unten hin um.

9 Knicke nun die beiden herunterhängenden Flügelspitzen entlang der eingezeichneten Linien nach oben hin um.

Expertentipps

Trimmung
Nimm die äußeren Enden der Flügelspitzen und falte sie jeweils an der roten Kante nach unten (siehe Foto).

Faltanleitung als Video – hier scannen:

www.schwager-steinlein-verlag.de/papier16

Bogen 16.1 enthält eine weitere Faltvorlage für dieses Model.

Teufel

leicht

BOGEN 17

1 Falte das Blatt Papier der Länge nach zusammen und klappe es wieder auf.

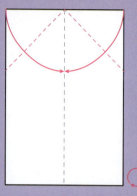

2 Knicke die beiden oberen Ecken zur Falzlinie in der Mitte des Blattes um. Wende dann das Blatt.

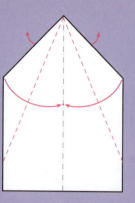

3 Knicke nun die äußeren Spitzen zur Falzlinie in der Mitte des Blattes um. Klappe dann die beiden auf der Rückseite des Blatts anliegenden Spitzen wieder nach vorn.

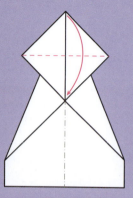

4 Knicke die obere Spitze des Quadrats zur unteren Spitze hin um.

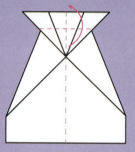

5 Knicke nun die untere Spitze des jetzt entstandenen Dreiecks nach oben um. Achte dabei auf die vorgegebene Linie.

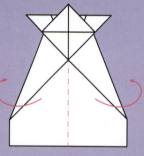

6 Falte das Papier in der Mitte, indem du die beiden äußeren Flügel nach hinten umschlägst.

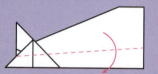

7 Knicke die beiden Flügel an den vorgegebenen Linien nach unten um.

Expertentipps

Trimmung
Falte die hinteren Enden der Seitenflügel nach oben.

Faltanleitung als Video – hier scannen:

www.schwager-steinlein-verlag.de/papier17

Bogen 17.1 enthält eine weitere Faltvorlage für dieses Model.

Hummel

mittel
BOGEN 18

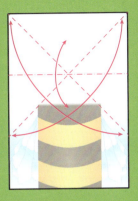
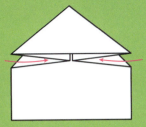

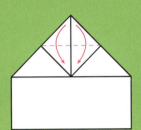

1 Knicke die obere, linke Papierecke zum gegenüberliegenden Punkt um. Öffne das Blatt wieder. Wiederhole das Gleiche auf der anderen Seite. Falte an der Querlinie, die durch das Kreuz läuft, nach hinten. Öffne das Blatt erneut.

2 Klappe nun die diagonal gefalteten Seiten nach innen. Es entsteht ein Dreieck mit zwei entgegengesetzten Falten darin.

3 Knicke die beiden äußeren Spitzen zur oberen Spitze hin um.

4 Knicke jetzt die beiden oberen Spitzen zur unteren Spitze des Quadrats um.

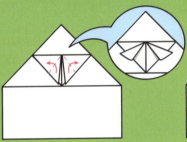
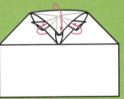
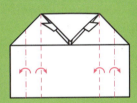

5 Knicke die beiden unteren Spitzen des Quadrats nach außen, sodass kleine „Öhrchen" entstehen. Halte dich dabei an die vorgezeichneten Linien.

6 Jetzt wird es knifflig: Klappe das obere Dreieck nach unten um. Schiebe nun die beiden Spitzen mit den Öhrchen in die seitlichen Öffnungen des Dreiecks.

7 Knicke die beiden Flügel an den vorgezeichneten Linien nach innen. Knicke die beiden Flügel dann an den vorgezeichneten Linien nach außen um.

Expertentipps

Trimmung
Wölbe die Tragflächen nach oben. Experimentiere auch mit den Seitenflügeln. Du kannst sie zum Beispiel etwas auseinanderziehen.

Wurfhaltung
Halte die Hummel auf beiden Seiten des Rumpfes und schiebe sie kräftig in gerader Linie auf die Flugbahn.

Faltanleitung als Video – hier scannen:

www.schwager-steinlein-verlag.de/papier18

Fledermäuse

leicht

BOGEN 19
BOGEN 20

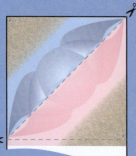
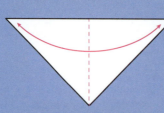
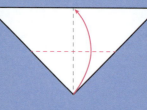
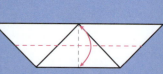

1 Schneide den unteren Papierstreifen entlang der gestrichelten Linie weg. Schneide dann das verbliebene Quadrat entlang der diagonalen Linie durch. Jetzt hast du zwei dreieckige Papiere zum Falten.

2 Falte das Dreieck einmal in der Mitte zusammen. Öffne es dann wieder.

3 Klappe die untere Spitze entlang Linie 1 nach oben, sodass sie die Kante berührt.

4 Klappe die untere Kante entlang Linie 2 nach oben, sodass sie die obere Kante berührt. Dann wieder öffnen!

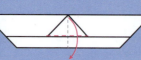
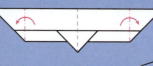

5 Klappe nun die untere Kante entlang Linie 3 nach oben.

6 Knicke die Spitze des Dreiecks über die dicke Kante nach unten um.

7 Falte die beiden äußeren Fledermausflügel nach außen um. Halte dich dabei an die vorgezeichneten Linien.

8 Nimm die Flügelspitzen und ziehe den Flieger M-förmig auseinander.

Expertentipps

Trimmung
Nimm die Flügelspitzen zwischen Daumen und Zeigefinger und drehe sie sachte zur Flügelvorderseite hin.

Wurfhaltung
Falte alle vier Fledermäuse, lege sie übereinander und wirf sie alle zusammen nach oben.

Faltanleitung als Video – hier scannen:

www.schwager-steinlein-verlag.de/papier19

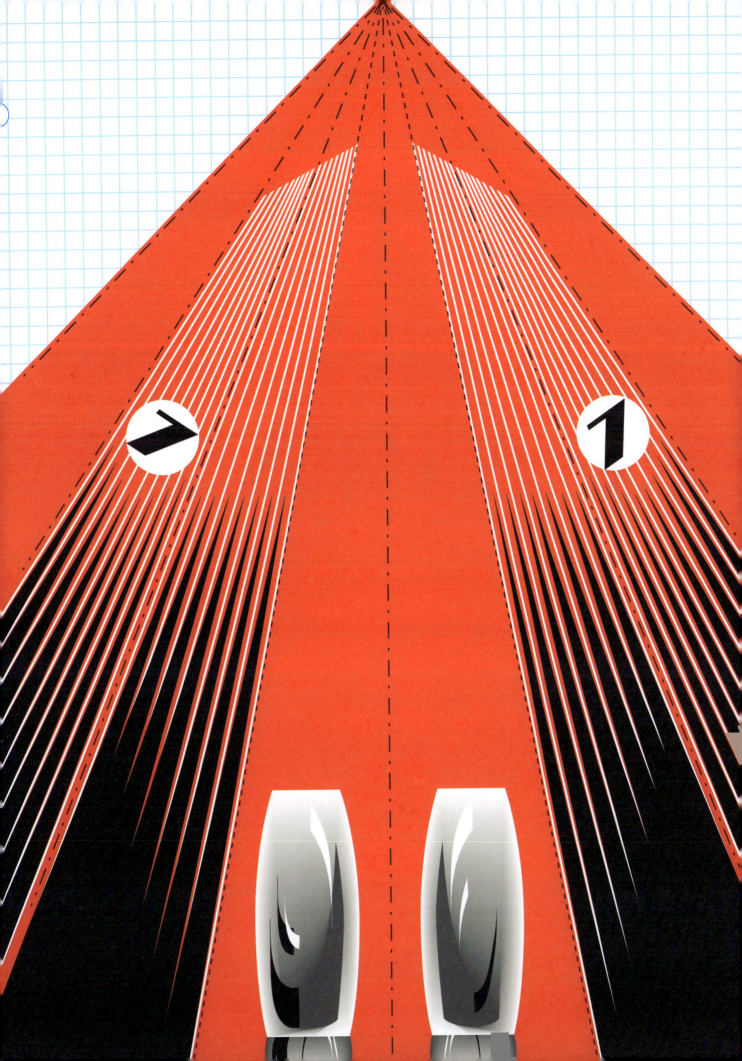

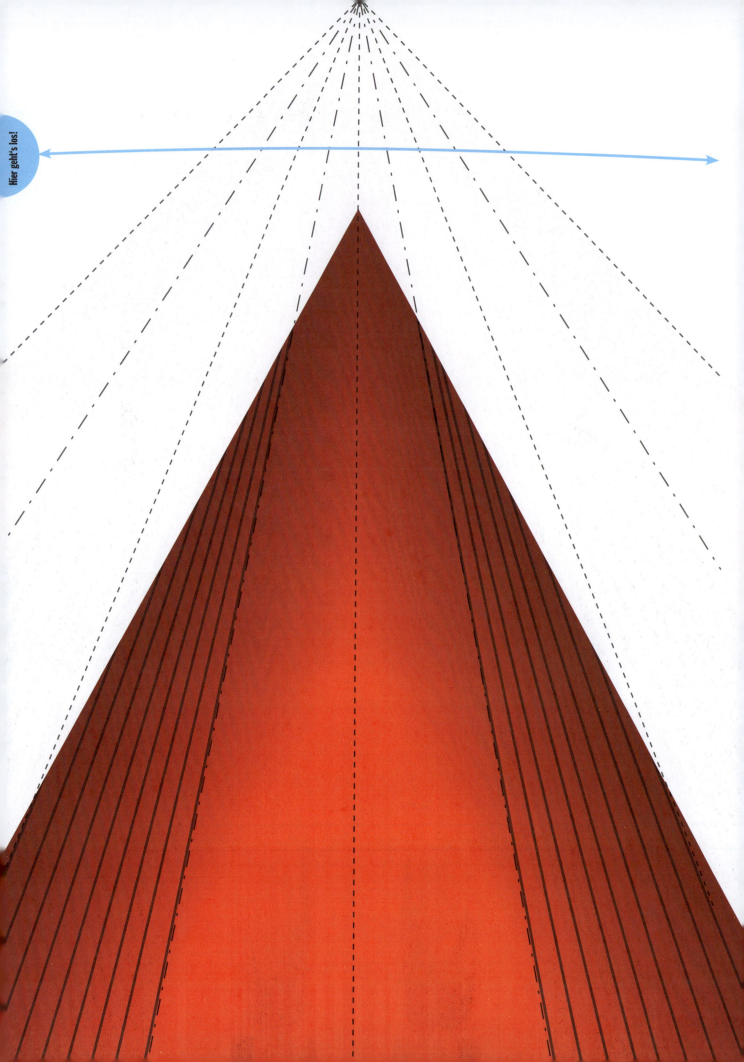

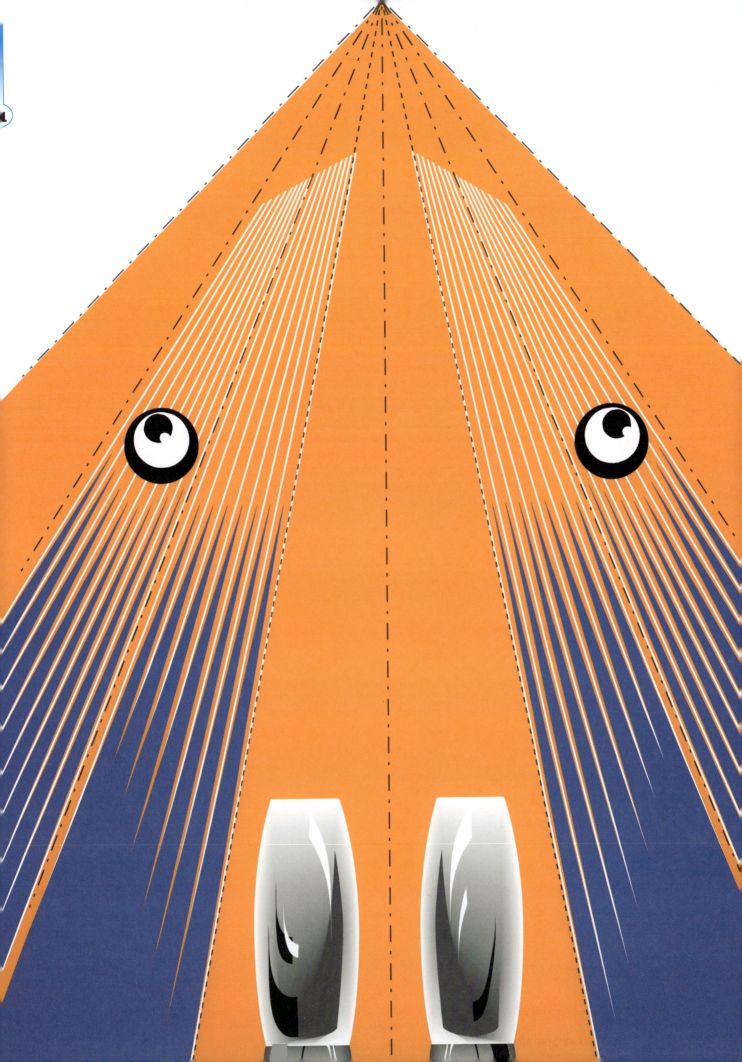

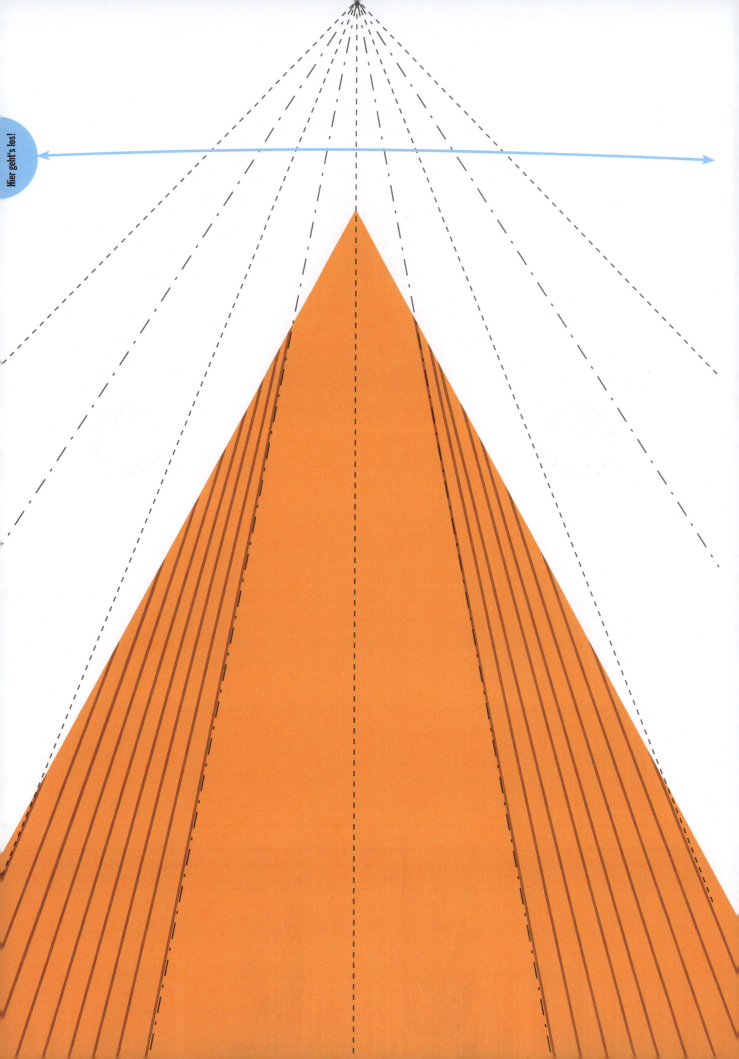

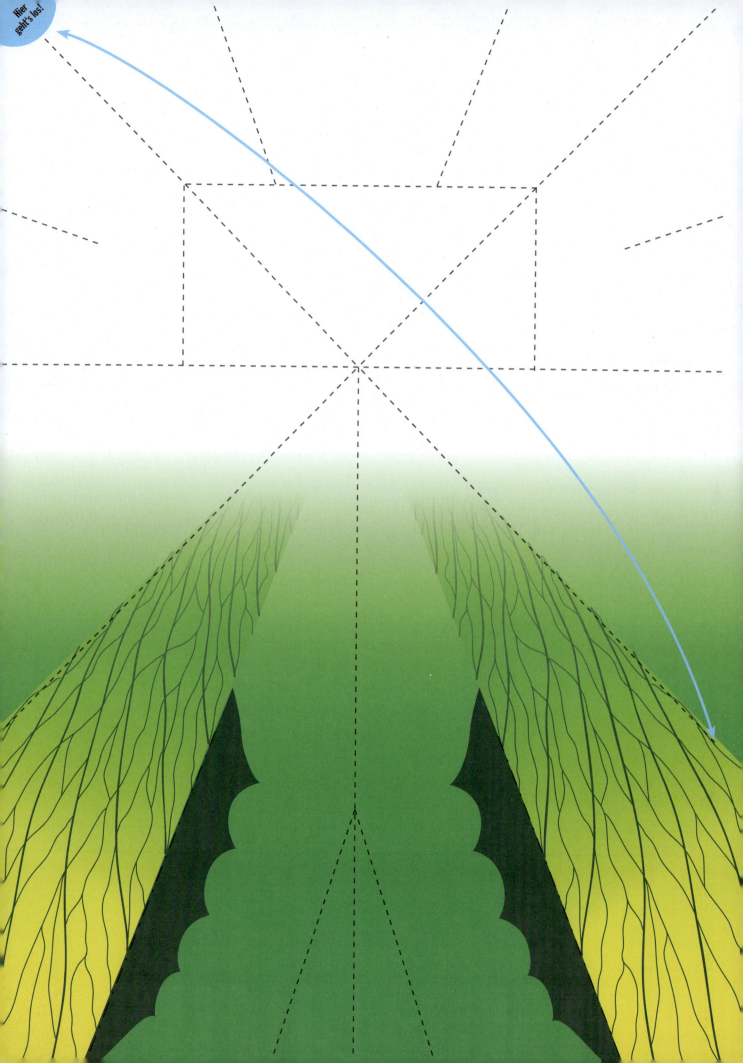

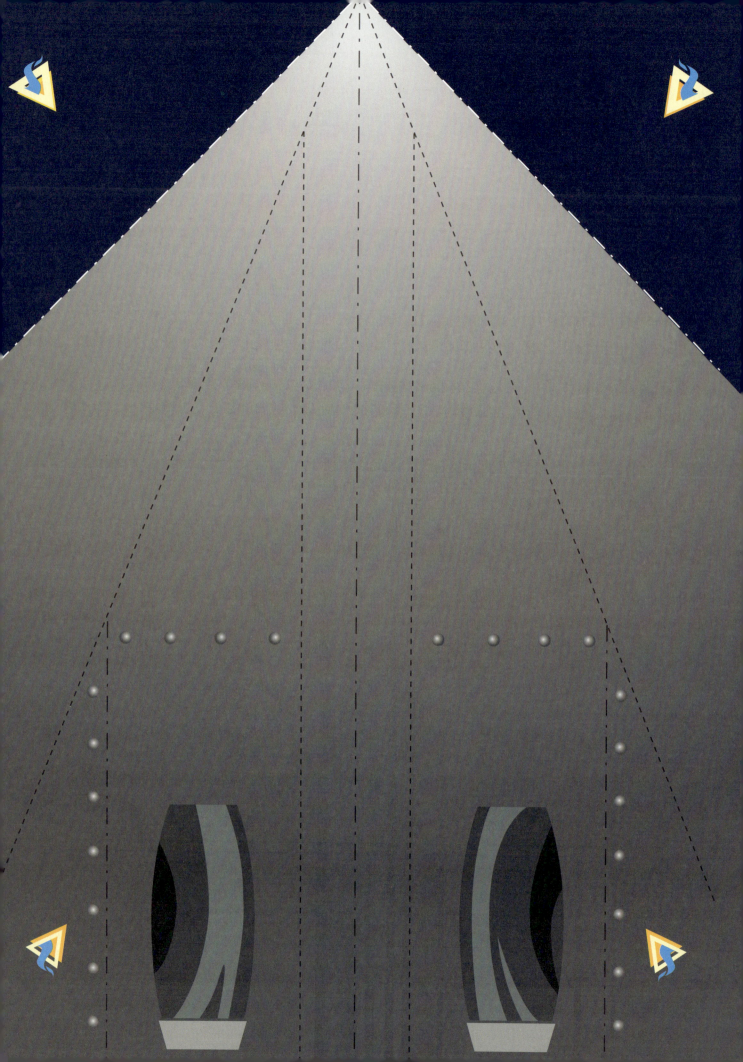

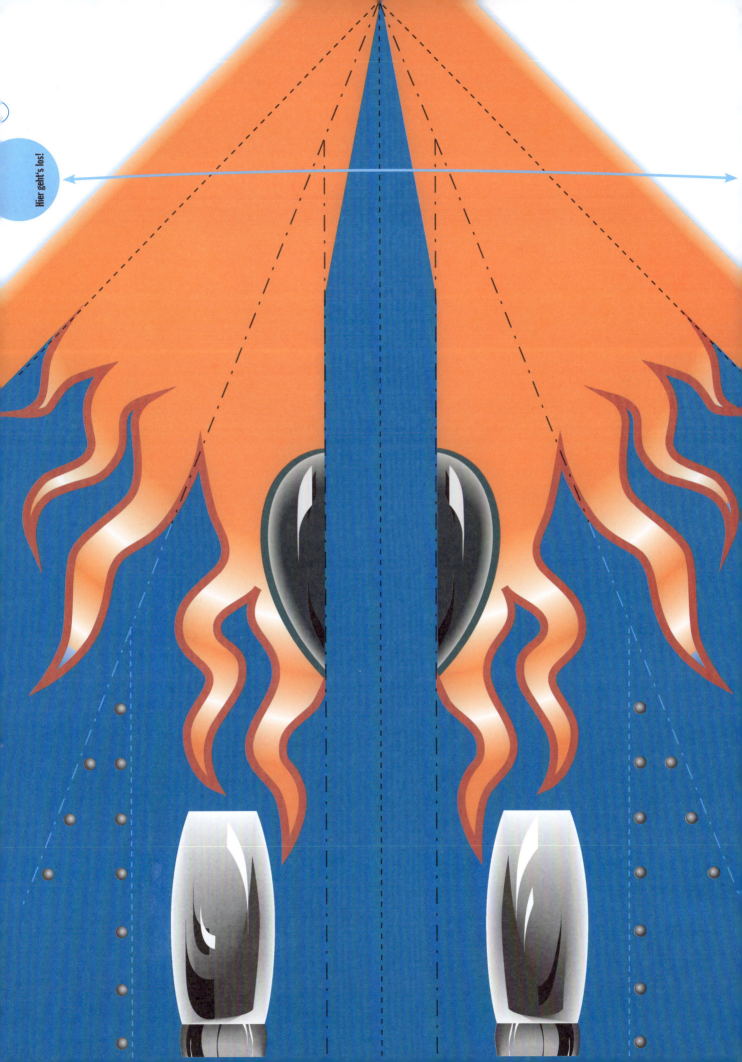

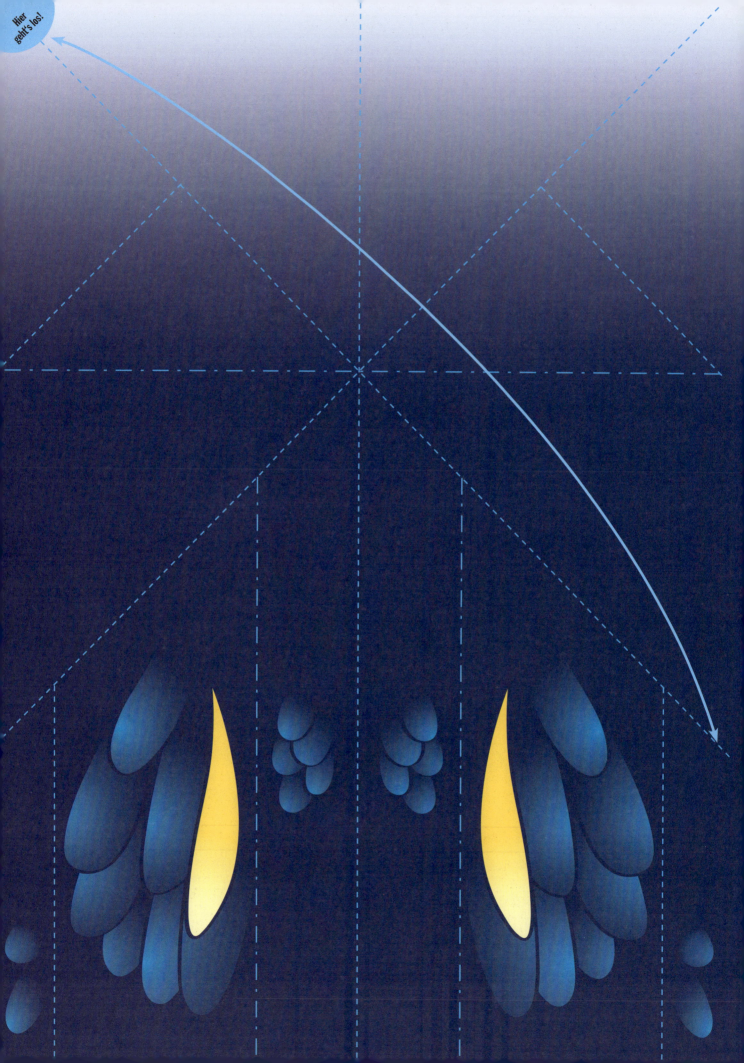

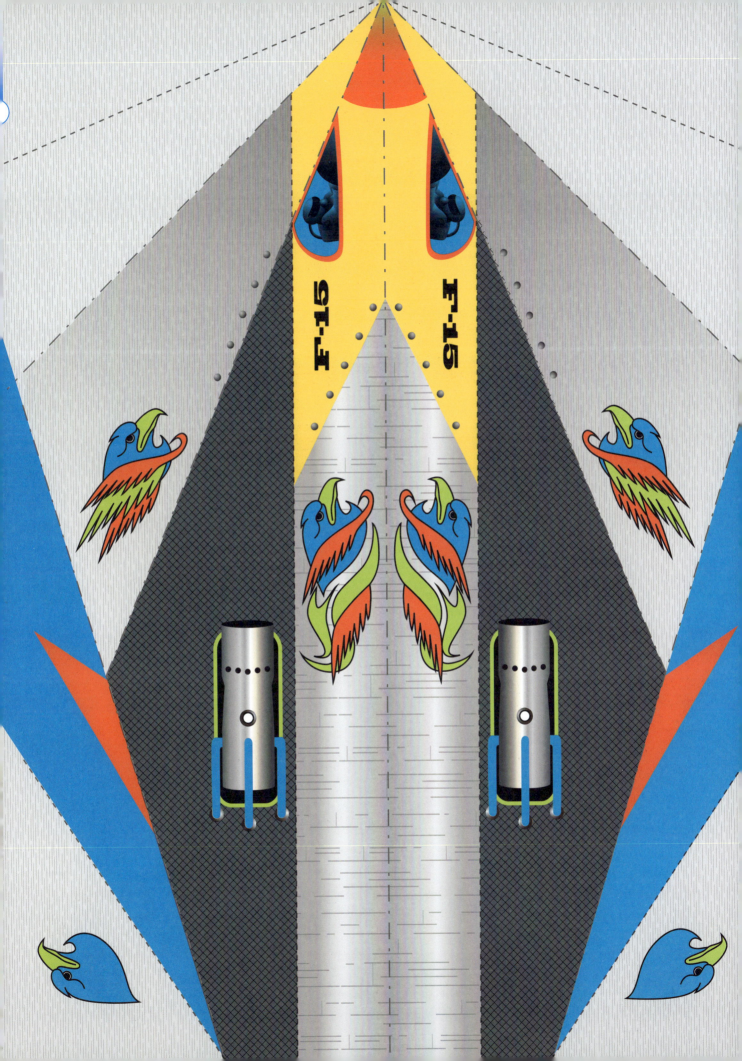

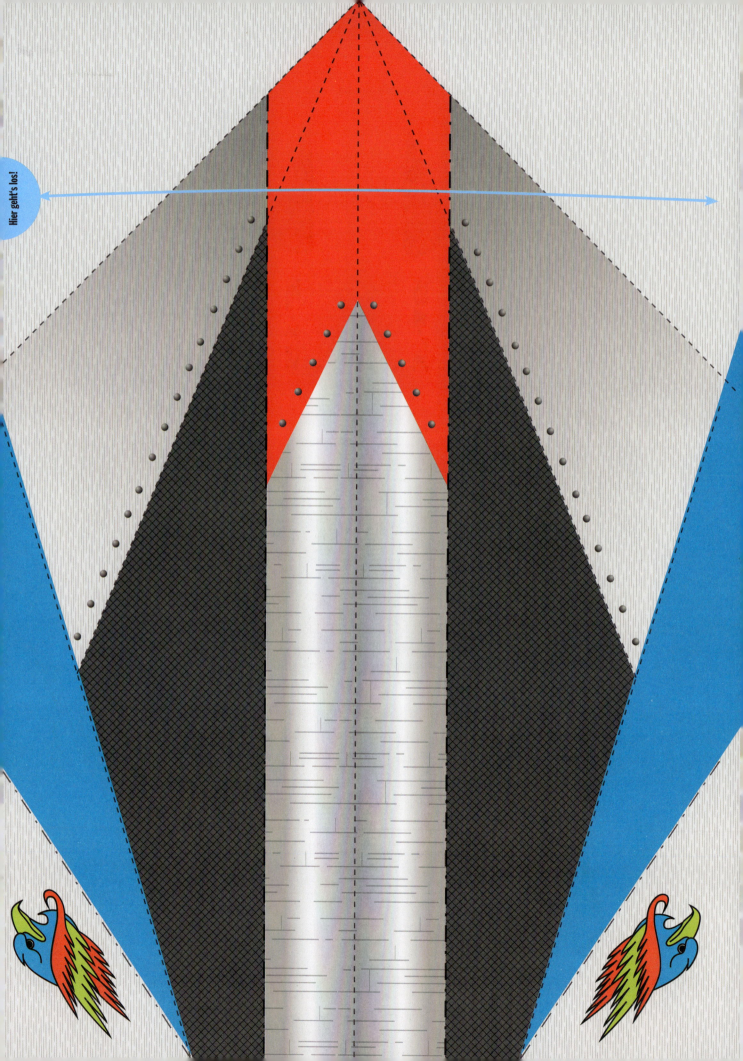

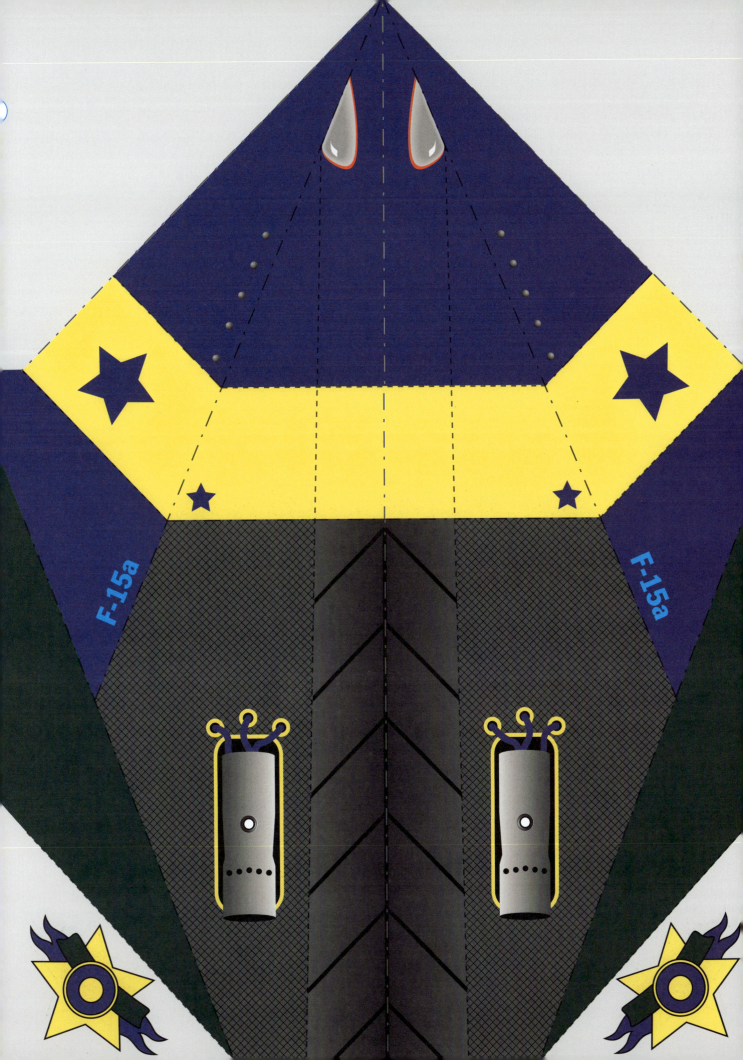

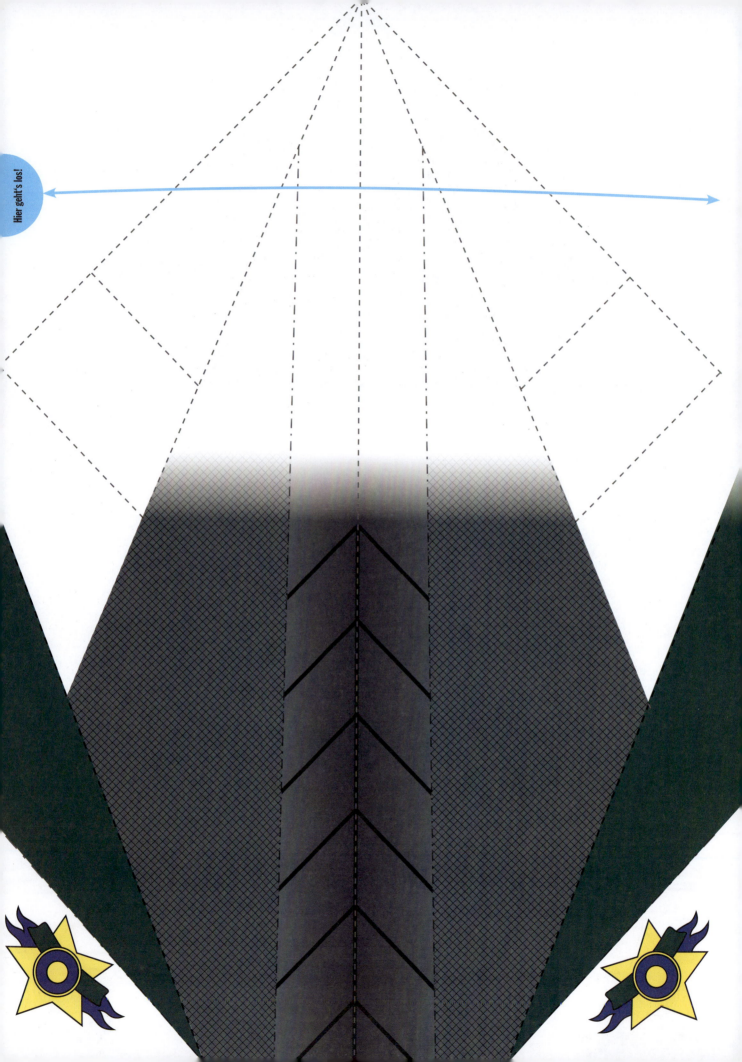

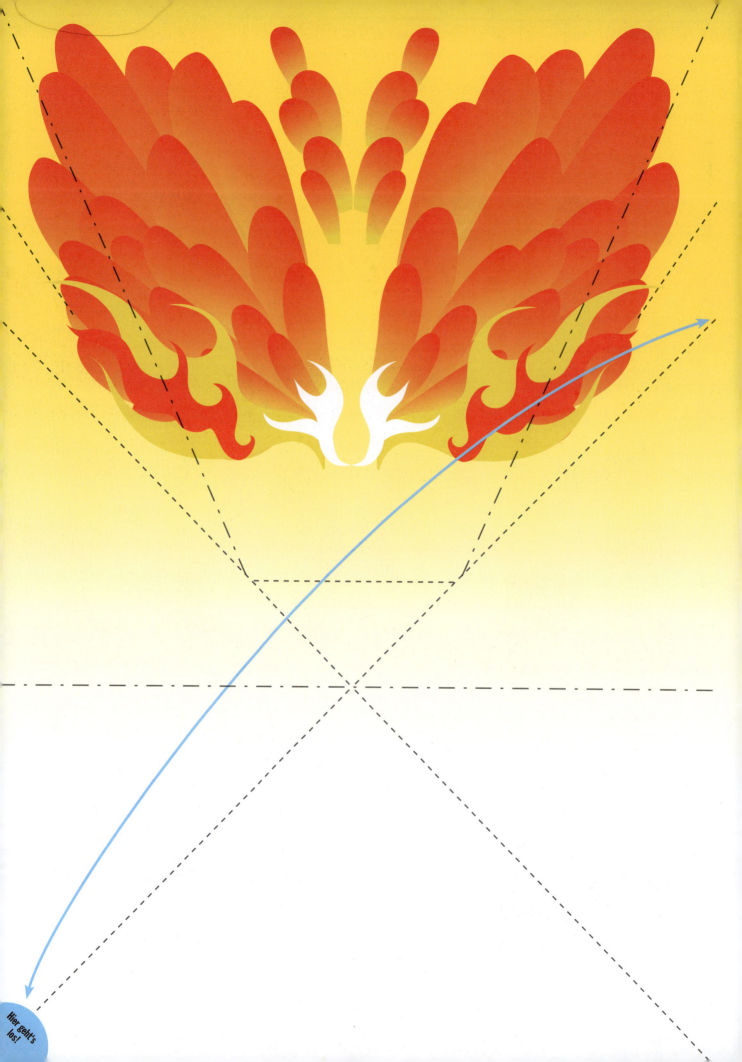
Hier geht's los!

Hier geht's los!

Hier geht's los!

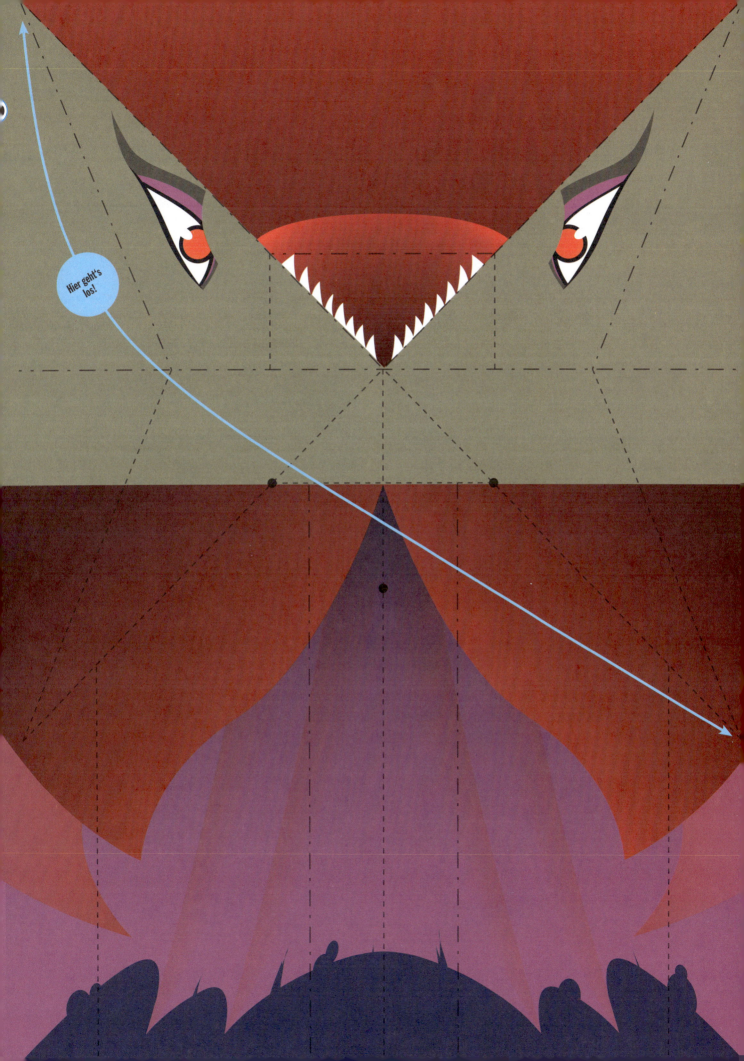

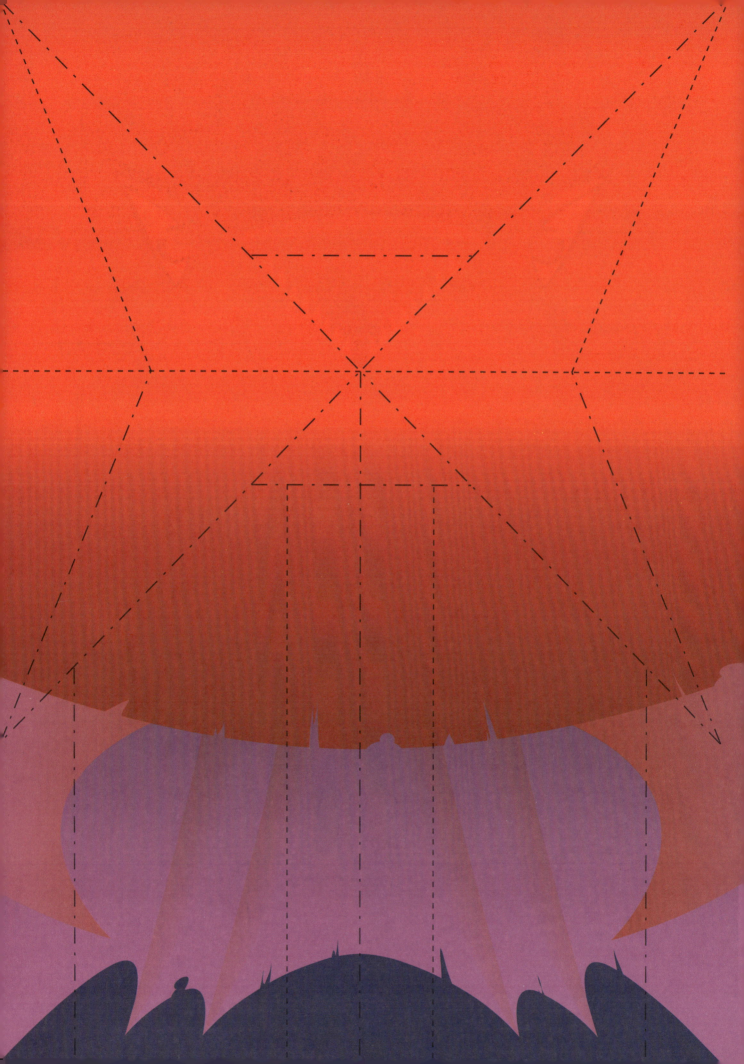

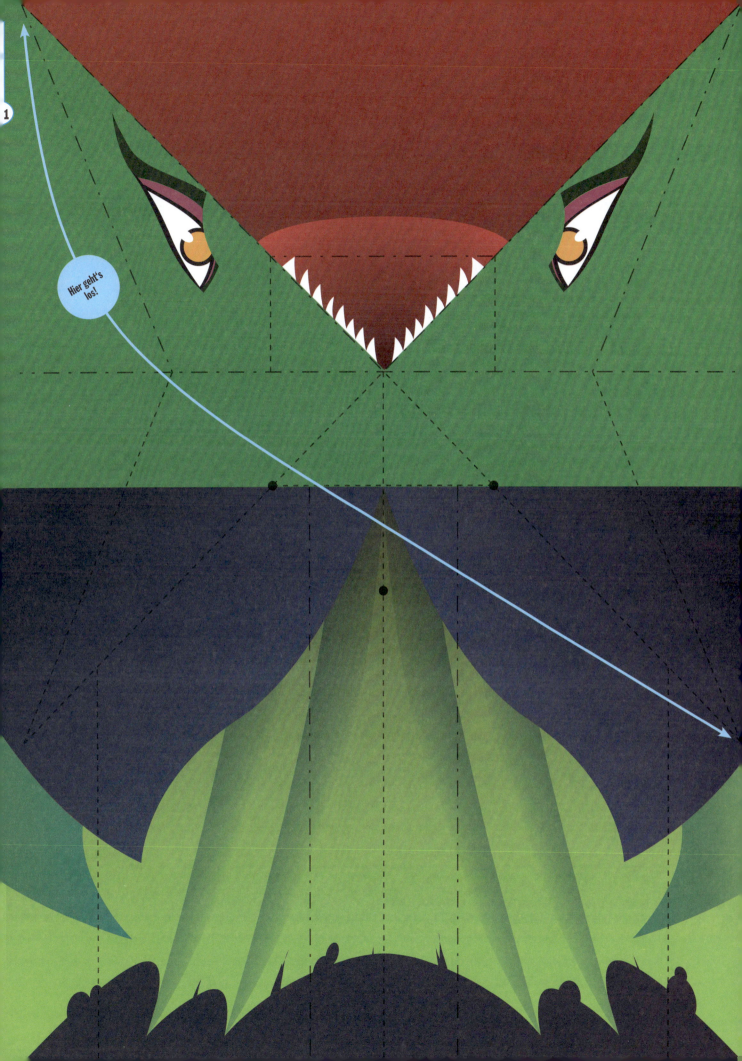

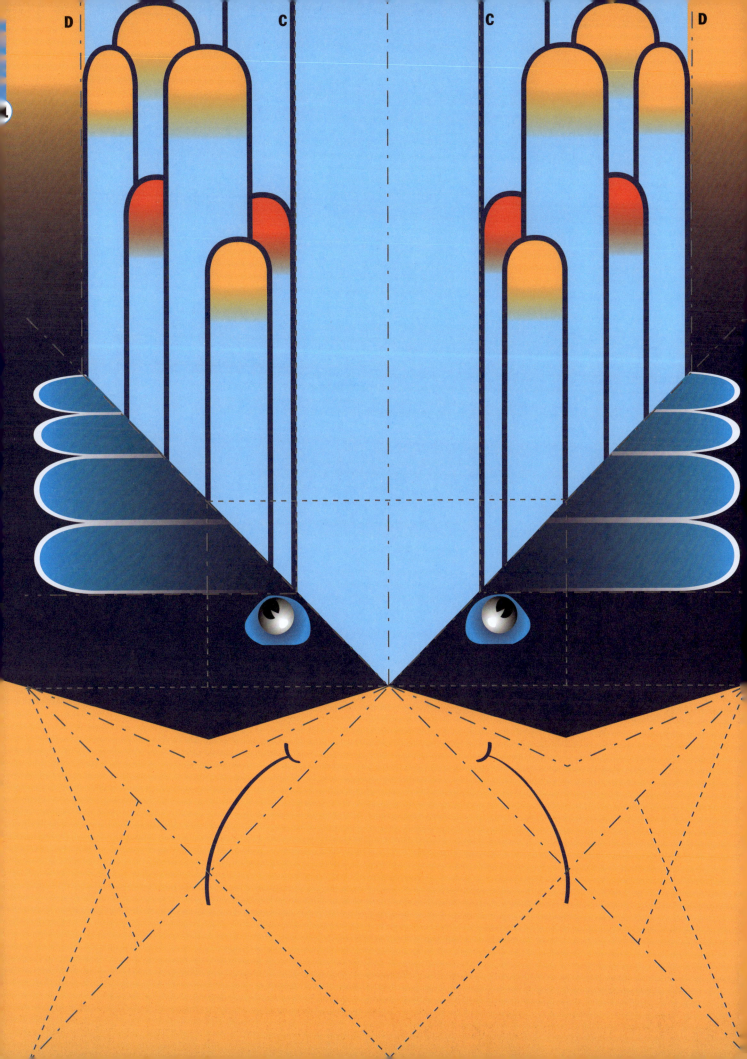

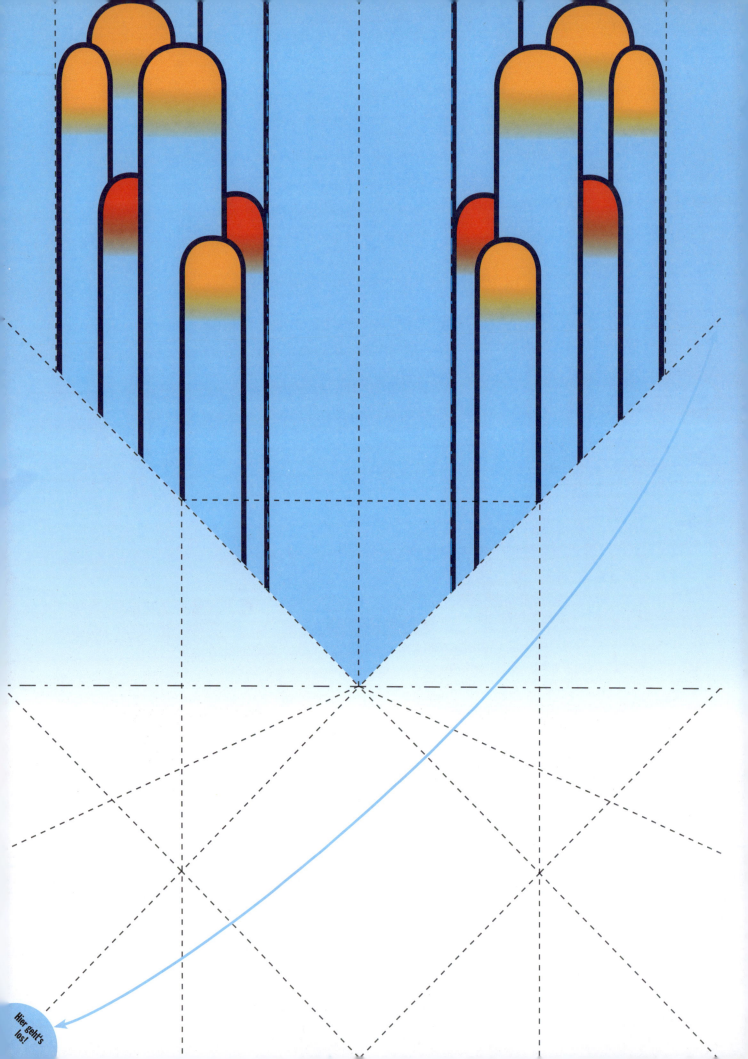

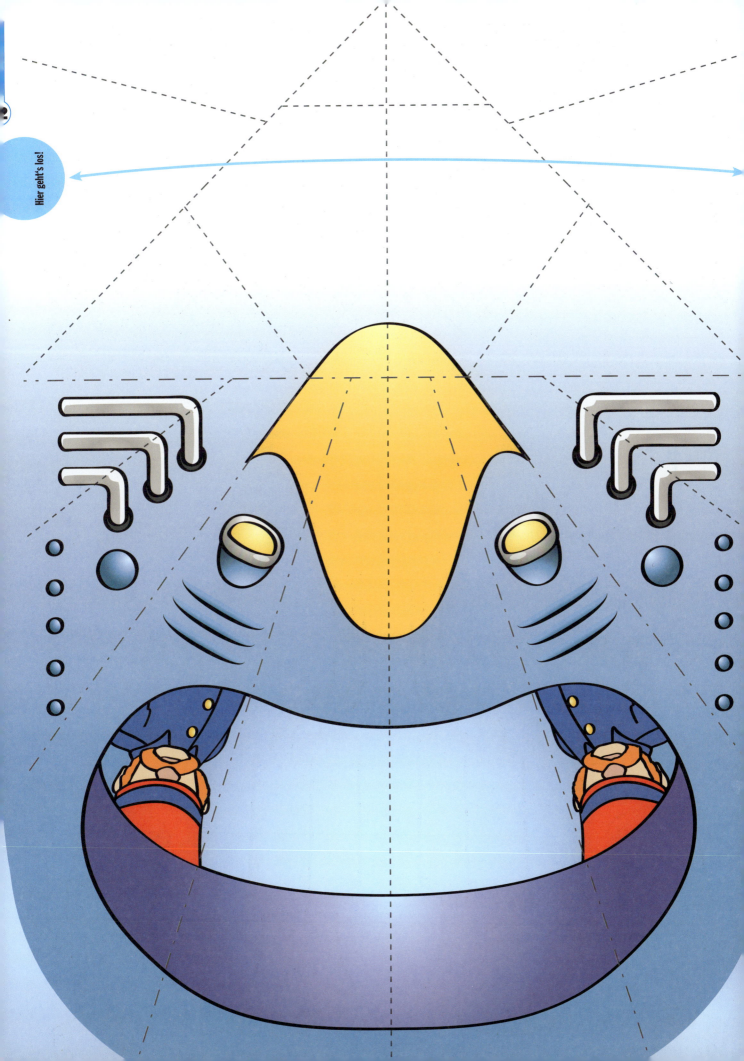

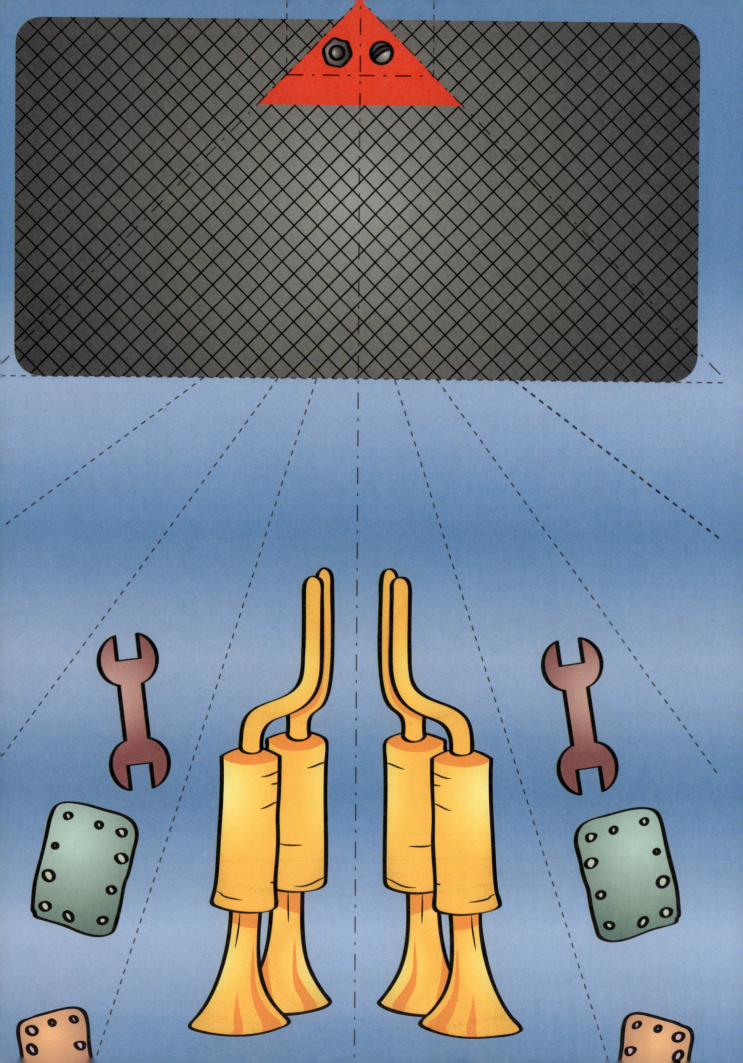

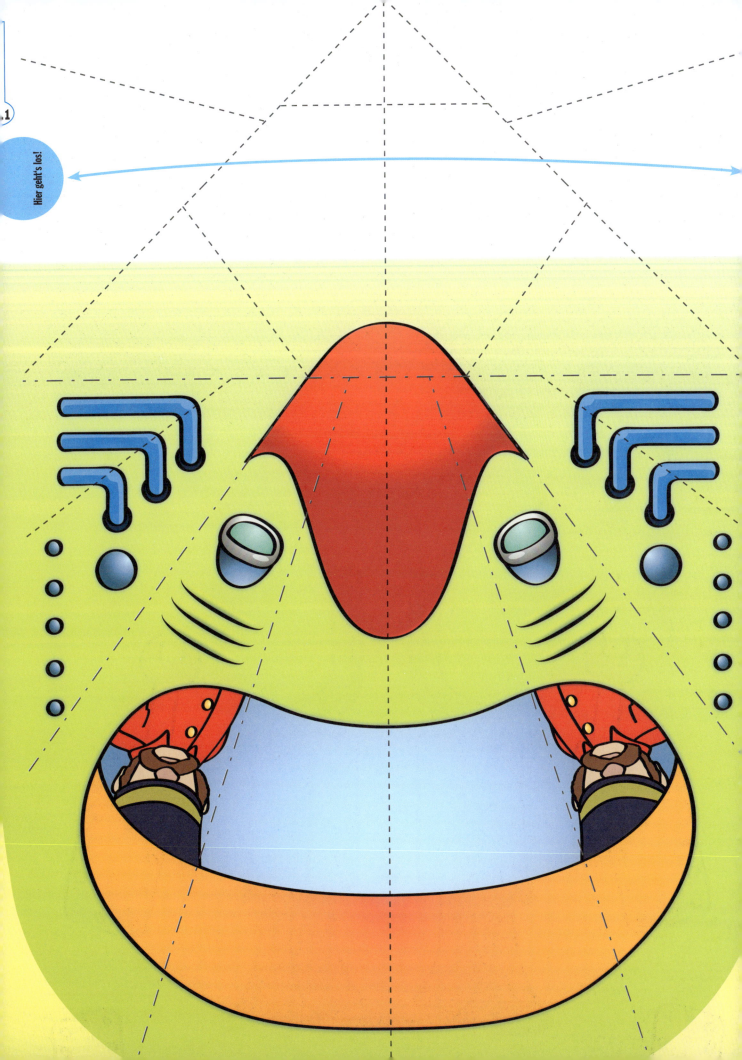

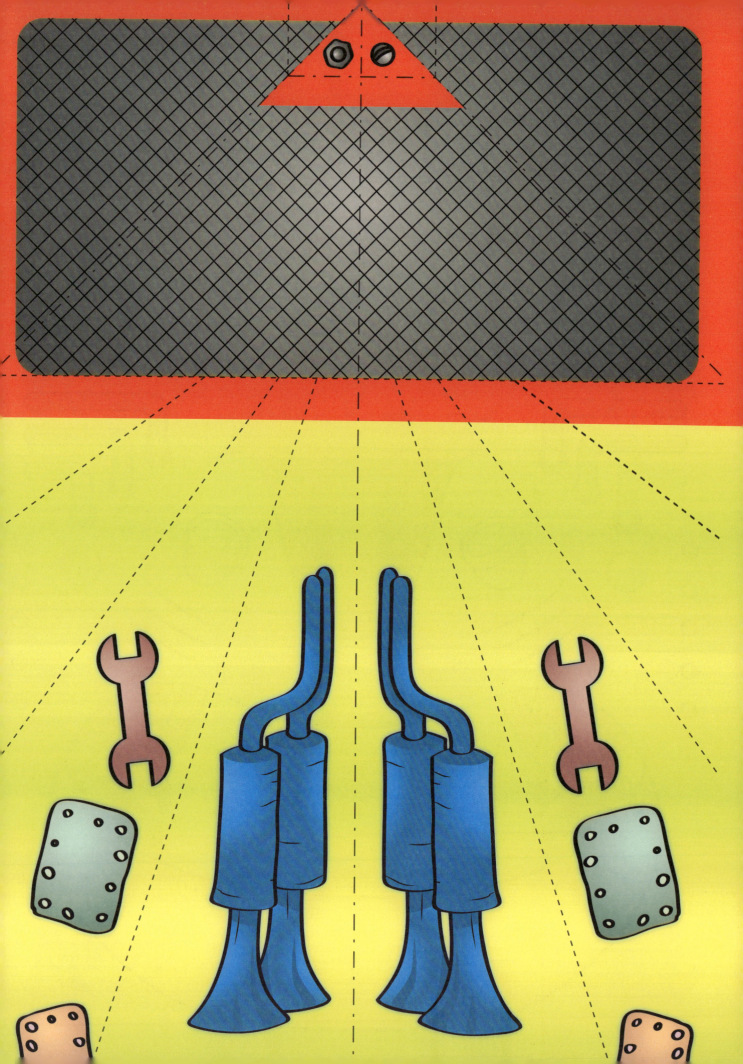

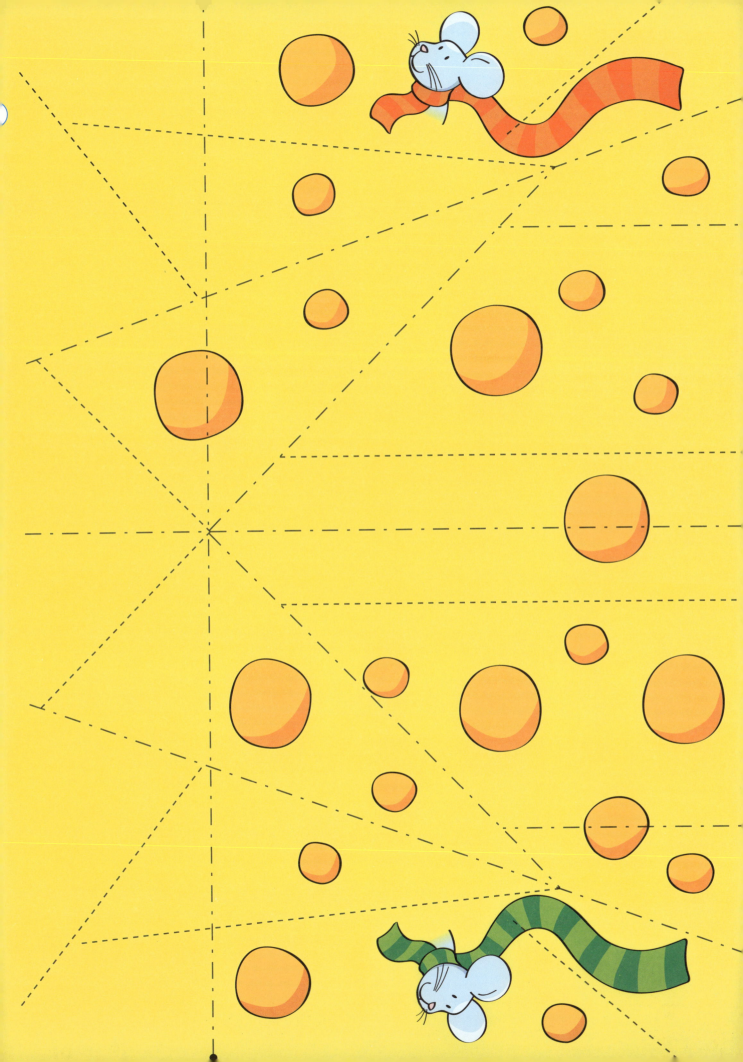

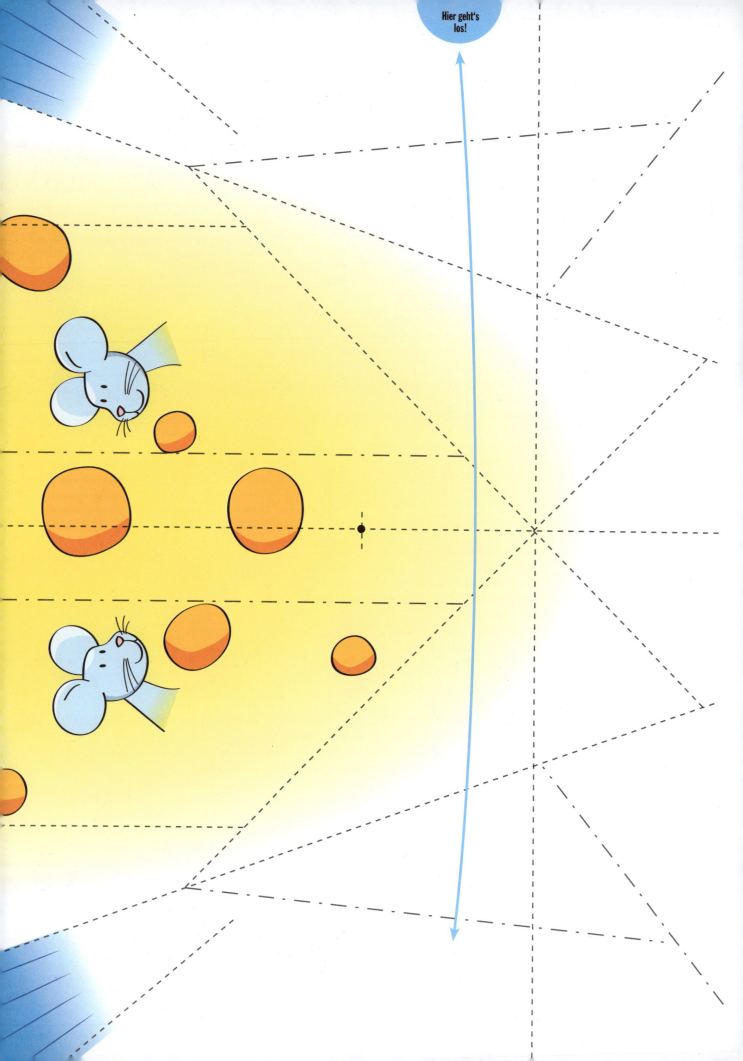

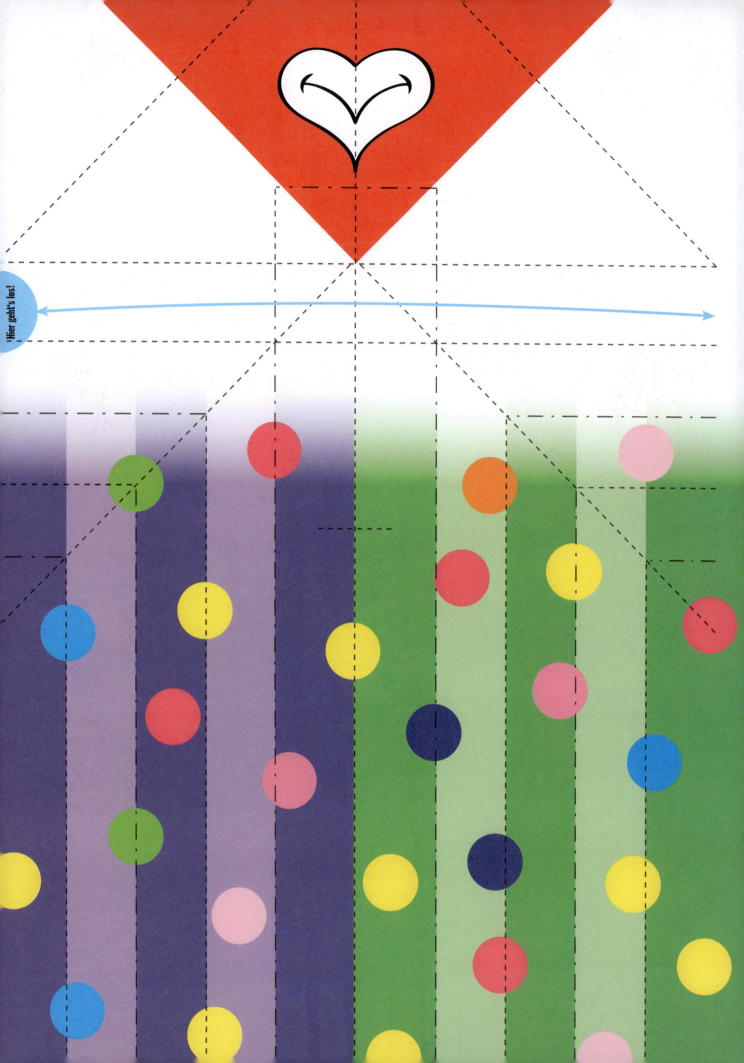

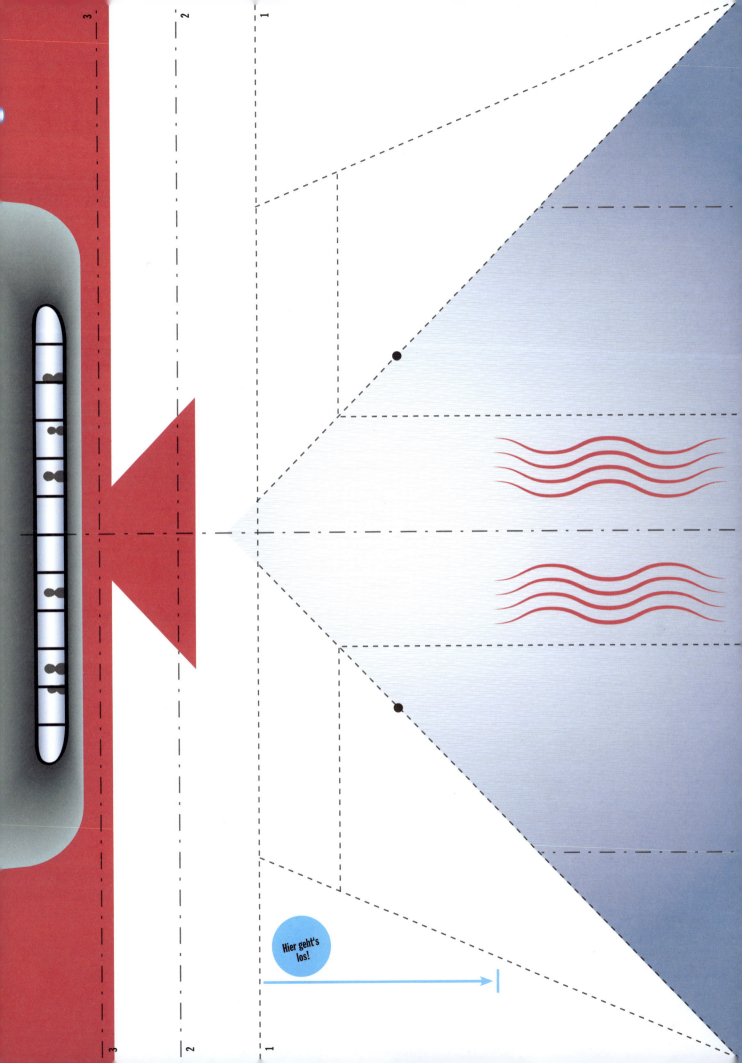

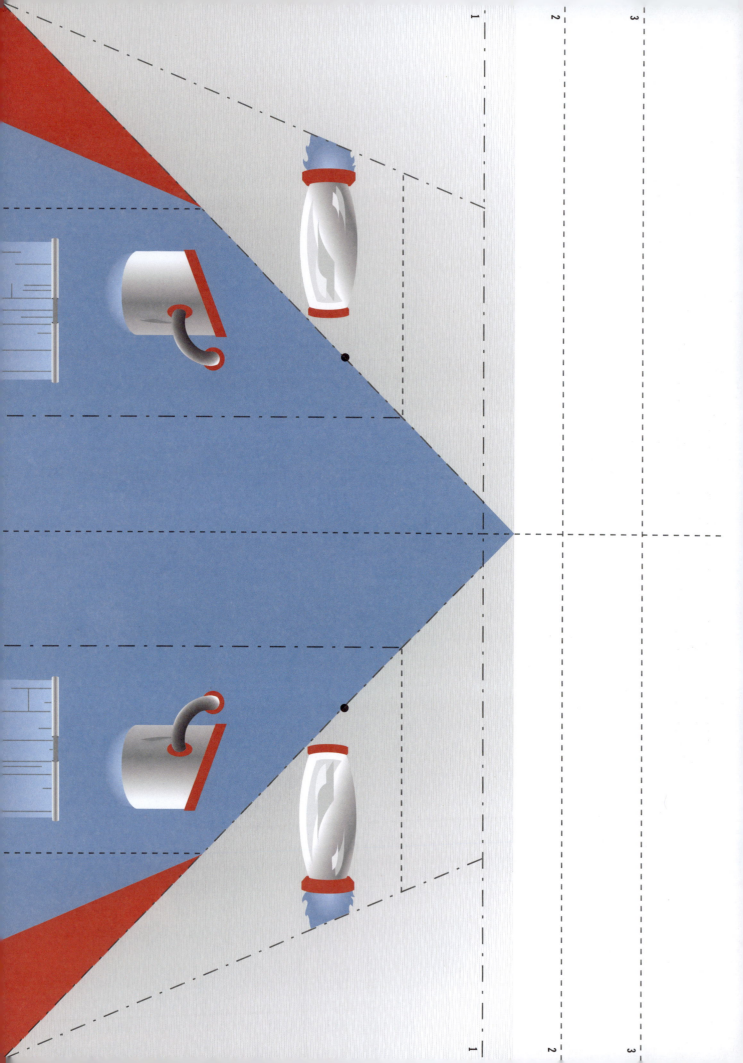

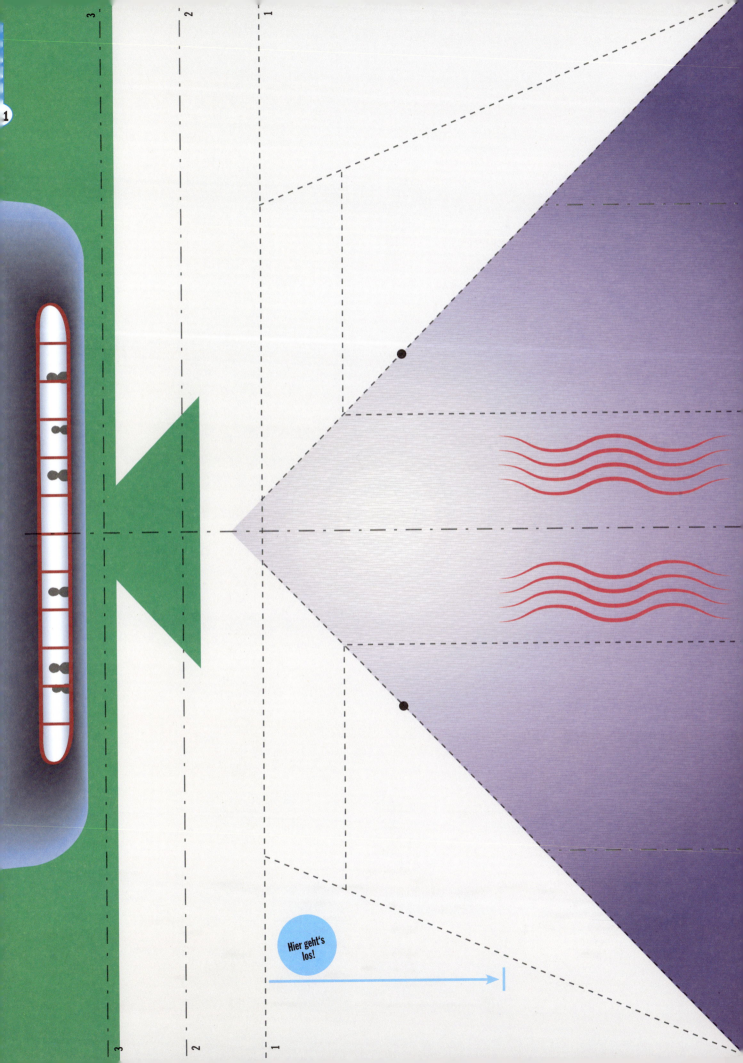

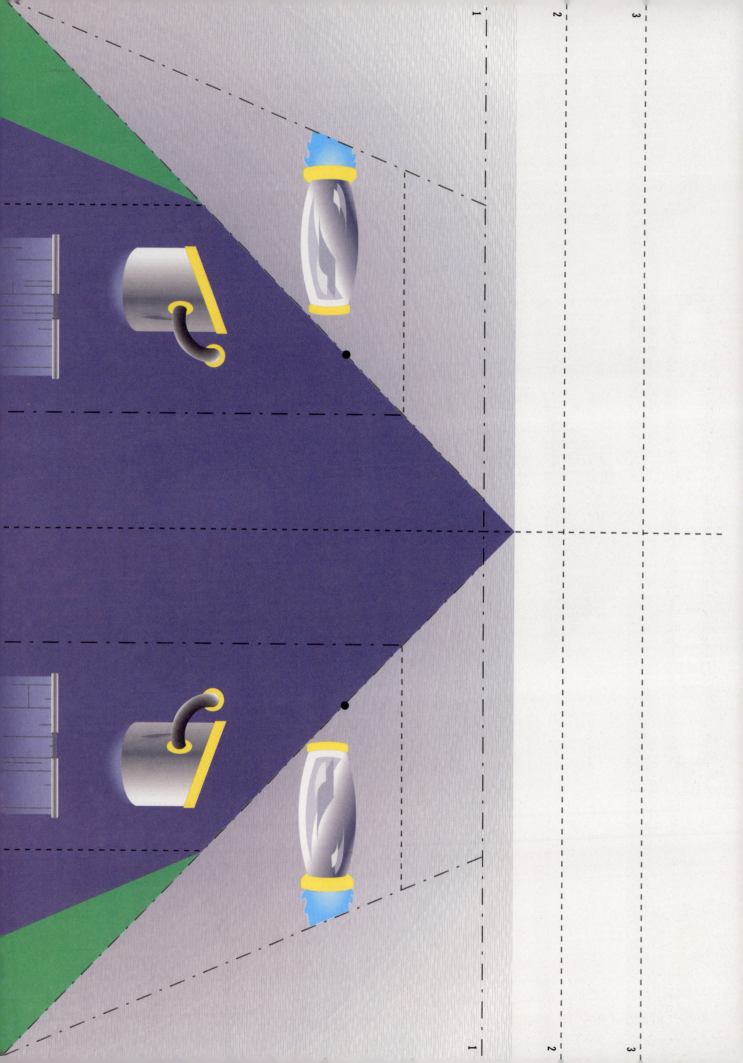

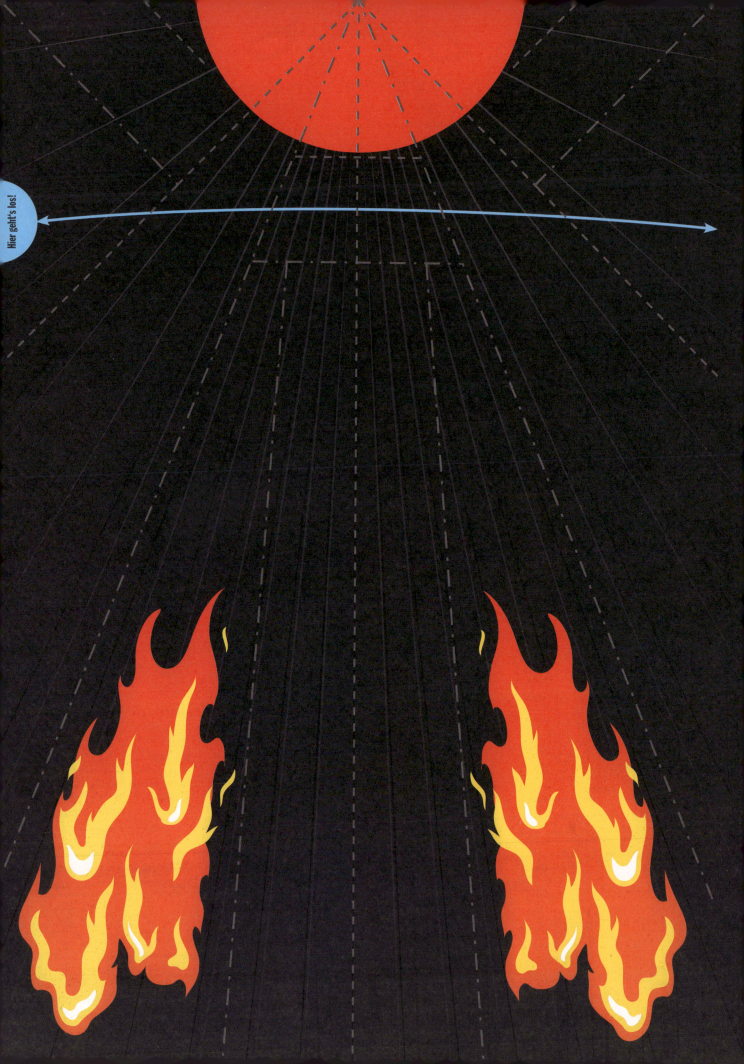

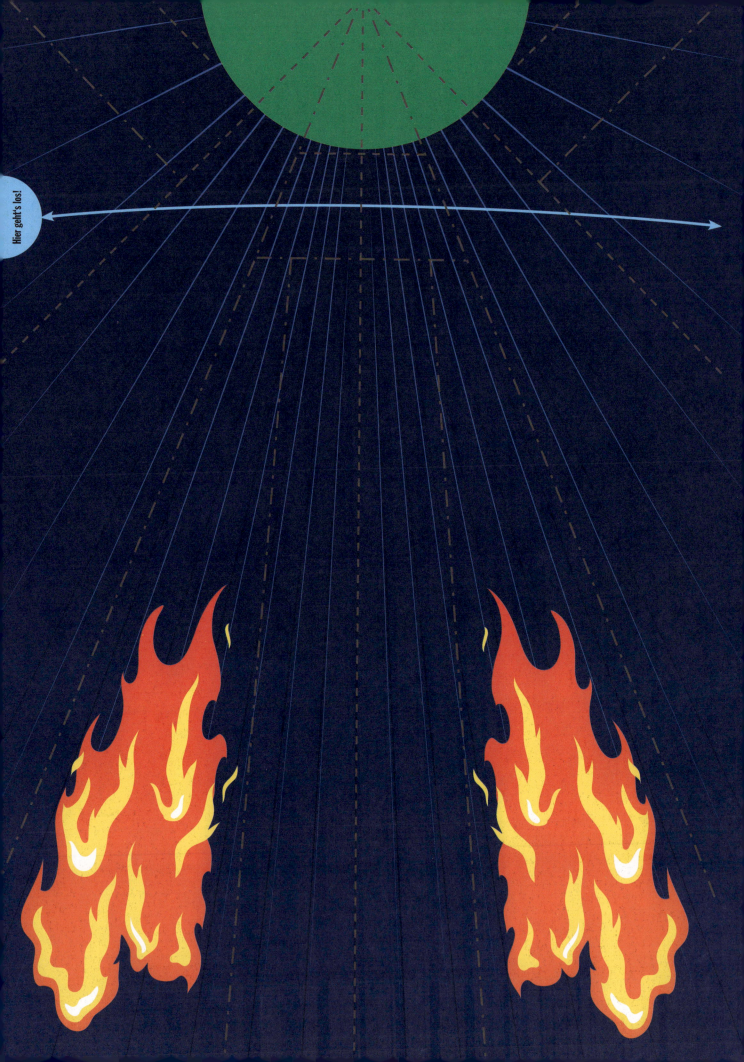

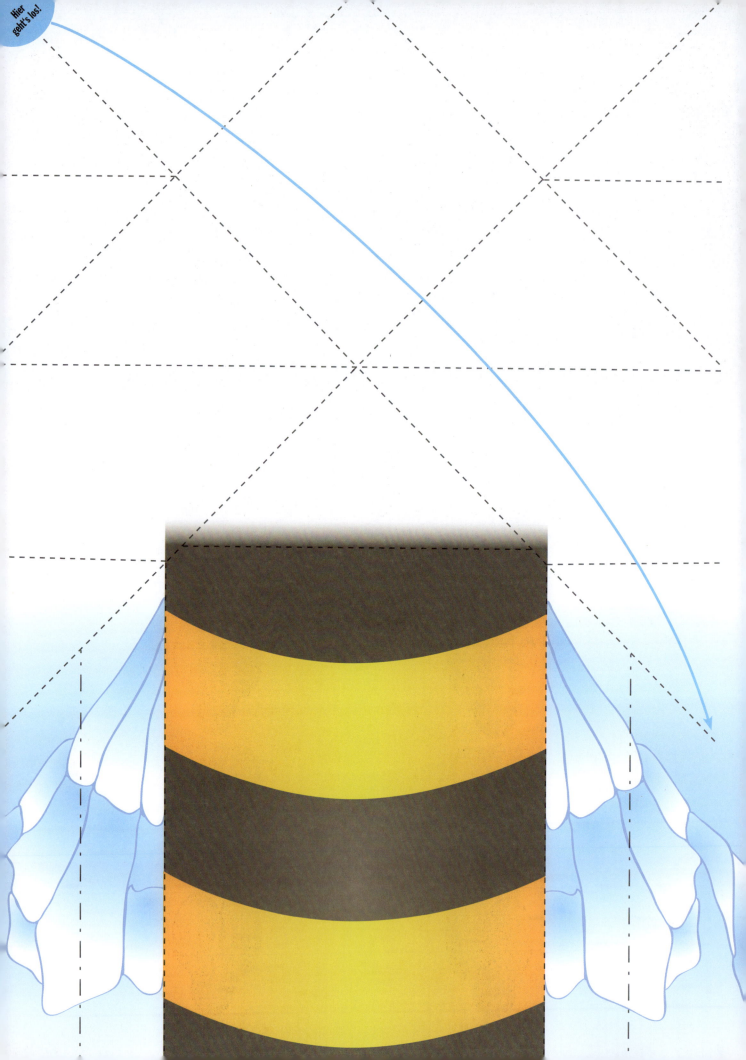

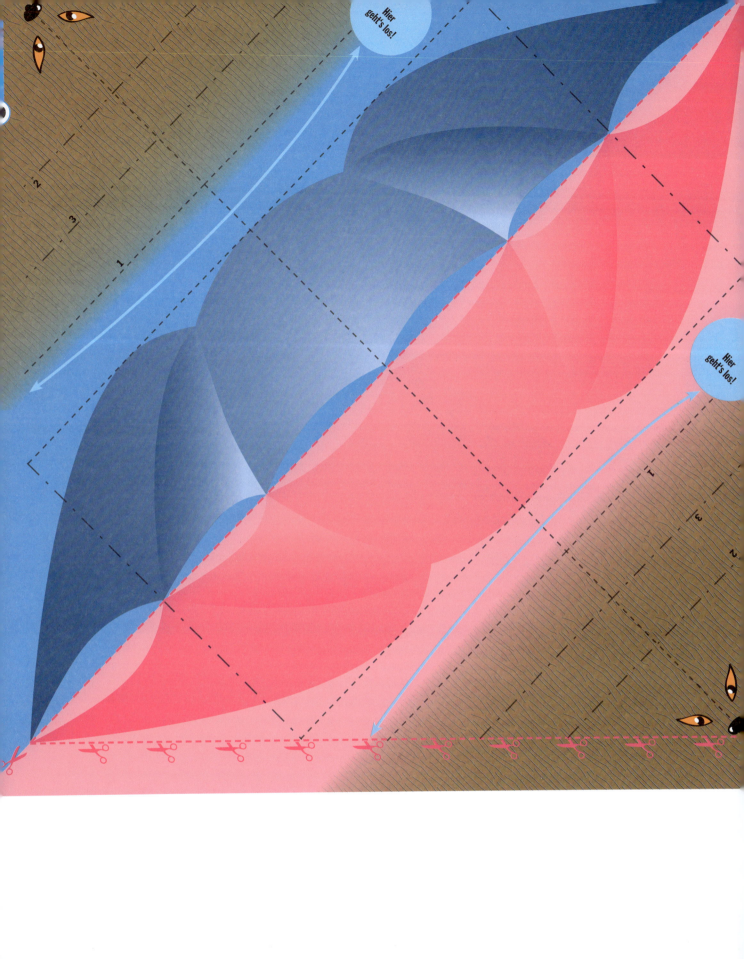

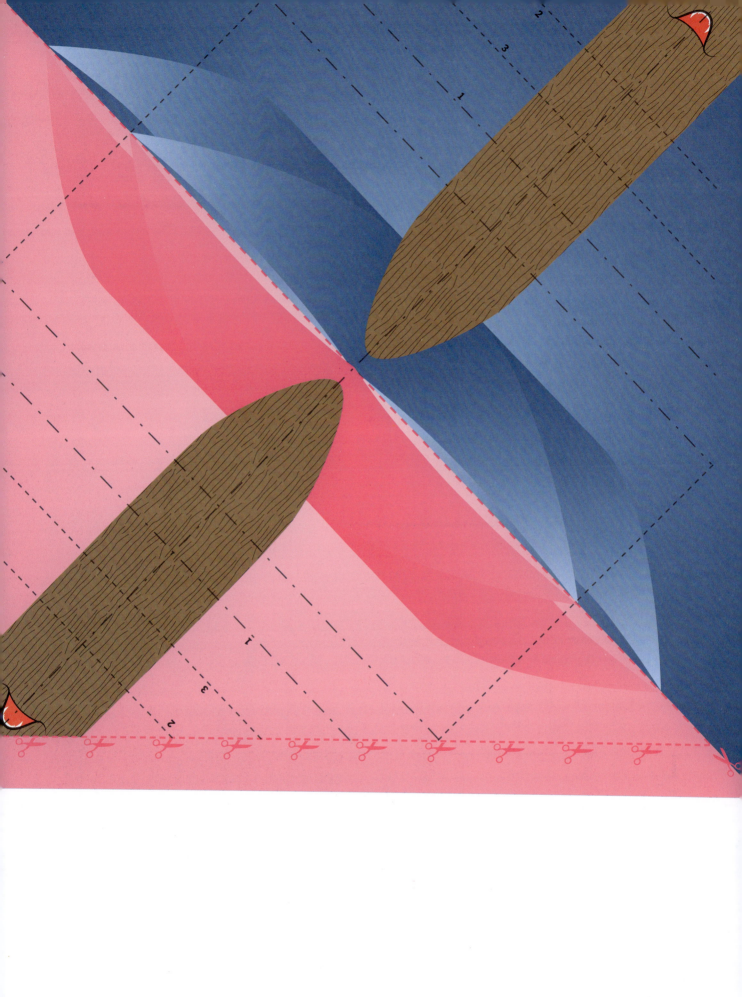

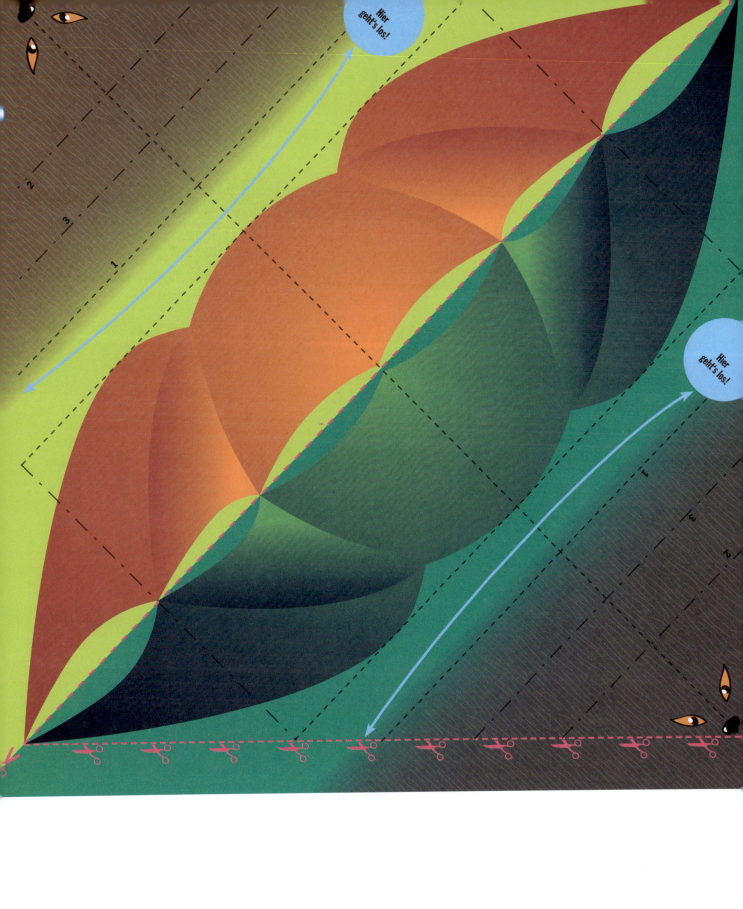

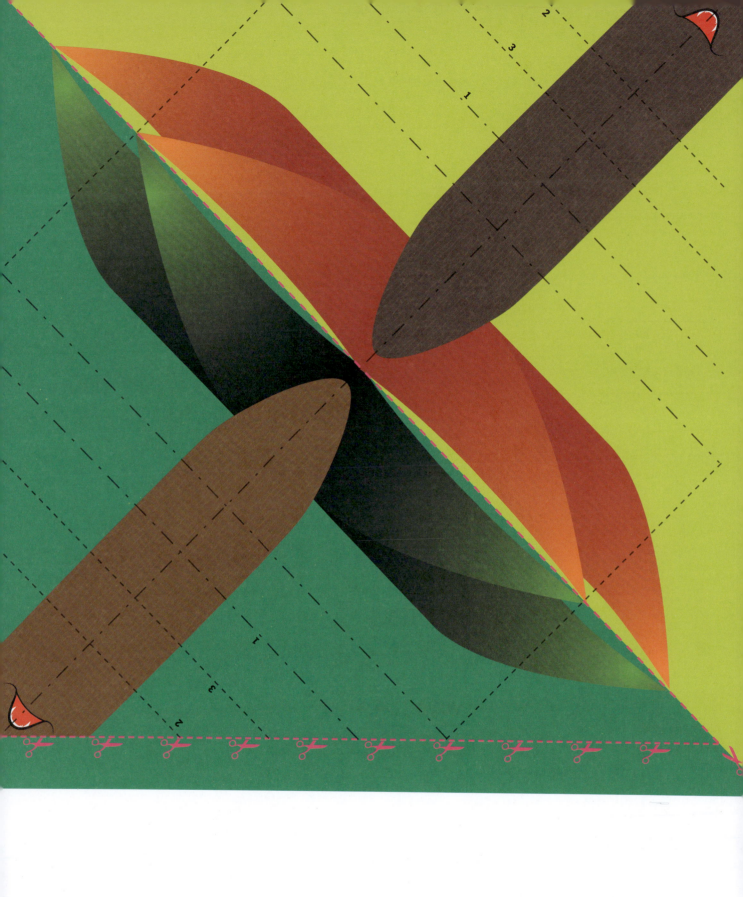